KB105284

마케팅 뉴자데

마케팅 뷰자데

초판 1쇄 인쇄 | 2023년 11월 30일
초판 1쇄 발행 | 2023년 12월 5일

지은이 | 김용석
발행인 | 안유석
책임편집 | 고병찬
편집자 | 하나래
디자이너 | 오성민
펴낸곳 | 처음북스
출판등록 | 2011년 1월 12일 제2011-000009호
주소 | 서울특별시 강남구 강남대로364 미왕빌딩 17층
전화 | 070-7018-8812
팩스 | 02-6280-3032
이메일 | cheombooks@cheom.net
홈페이지 | www.cheombooks.net
인스타그램 | @cheombooks
페이스북 | www.facebook.com/cheombooks
ISBN | 979-11-7022-271-2 03320

이 책 내용의 전부나 일부를 이용하려면 반드시 저작권자와 처음북스의
서면 동의를 받아야 합니다.

* 잘못된 책은 구매하신 곳에서 바꾸어 드립니다.
* 책값은 표지 뒷면에 있습니다.

뻔한 것을 새롭게 보는 마케팅 첫보기

마케팅 뷰자데

MARKETING VUJA DE

김용석 지음

처음북스

터·터·터 마케터

'터·터·터'가 아니라면 책을 내려놓으세요

만약 여러분이 이미 마케팅을 잘 알고 있거나, 앞으로 마케팅을 잘하고 싶은 마음이 없다면 바로 책을 내려놓으시기를 바랍니다. 이 책은 마케팅을 잘 모르지만, 마케팅을 잘하고 싶은 사람을 위해 쓰였기 때문입니다. 여러분의 소중한 시간을 아끼기 위해서라도 책을 바로 덮고, 더 도움 되는 책을 찾아보시기를 바랍니다.

제가 이 책을 쓴 이유는 '마케팅을 잘 모르지만' '마케팅을 잘하고 싶은 사람'에게 조금이나마 도움이 되고 싶어서였습니다. 구체적으로는 '터·터·터'만을 생각하며 썼습니다. 여러분이 마케팅에 '막' 관심이 생겨 이쪽 분야로 취업을 준비하고 있는 예비 마케터 그리고 마케팅이 '막' 필요해진 프리랜서 및 자영업자와 같은 '막엔터^{막enter}', 대기업 마케팅팀에 취업했지만, 선배의 일만 '서포트'하느라 마케팅이 무엇인지 아직 잘 모르는 '서포터supporter', 중소기업 마케팅팀에서 온갖 '잡'무를 다 하다 보니 스스로가 마케터가 맞는지 혼란스러운 '잡케터雜keter'라면 이 책을 꼭 읽어 보시기 바랍니다.

이 '터·터·터'는 사실 과거의 제 이야기이기도 합니다. 저는 취업 준비가 매우 늦었습니다. 대학을 졸업하고 장교로 군대 생활을 했고 전역할 때쯤이 돼서야 뒤늦게 무슨 일을 할지 고민하기 시작했습니다. 번듯한 기업에서 일하고 싶다는 막연한 생각만 있었을 뿐, 구체적으로 어떤 일을 할지는 생각하지 못했습니다. 나이 서른을 앞둔 시점에서야 진로를 고민하다니 참 대책이 없었죠.

일단 어떤 직무가 좋을지 생각해 봤습니다. 법무팀과 회계팀은 전문적인 역량이 있어야 할 것 같아서 패스. 영업팀은 술을 잘 마시고 넉살이 좋아야 할 것 같아서 패스. 인사/총무팀은 왠지 딱딱한 분위기일 것 같아서 패스. 전략/기획팀은 서류 더미에 파묻혀 살 것 같아서 패스. 이렇게 고정관념으로 직무를 지워가다 보니 남은 것이 마케팅이었습니다. 광고를 만드는 일이니 재미있을 것 같고, 사람들에게 창의적이라는 말을 종종 들었기에 잘할 수 있을 것만 같았습니다. 그렇게 막 마케팅에 관심이 생긴 '막엔터'인 저는 마케팅팀에 지원을 했습니다. 입사한 지 얼마 지나지 않아 엄청난 착각을 했다는 것을 알게 되었습니다. 마케터는 10% 남짓의 재밌어 보이는 일을 위해 90%의 재미없는 일을 묵묵히 해야 하는 사람이라는 것을요. 반짝이는 아이디어를 뒷받침하는 정교한 논리를 갖추어야 함은 물론이고 숫자와 같은 데이터를 잘 다룰 줄 알아야 한다는 것을 뒤늦게 알게 되었습니다. 그렇게 막엔터였던 저는 뒤늦게 마케팅의 본모습을 알게 되었습니다.

첫 회사는 삼성물산 패션부문이었습니다. 제가 가진 능력과 노력에 비해 과분한 회사였죠. 삼성그룹에서 새롭게 신설한 통역장교 특별 채용으로 운 좋게 입사했습니다. 심지어 막연하게 원했던 마케팅팀으로 배정을 받았습니다. 하지만 문제가 하나 있었습니다. 제가 마케팅을 몰라도 너무나도 모른다는 점이었습니다. 아는 것이 없다 보니 6개월 동안 그저 선배들의 일만 도왔습니다.

패션 회사이다 보니 촬영이 많았습니다. 패션잡지에서 화보^I 촬영을 할 때 디자인팀에 요청해서 옷을 받고 포장해서 퀵 배송으로 촬영장에 옷을 보냈습니다. 바쁠 때는 하루에도 몇 번씩 이동식 행거와 돌돌이라 불리는 카트를 몰고 1층과 10층을 오갔습니다. 봄/여름 혹은 가을/겨울 상품의 광고^{II} 촬영을 할 때는 수십 벌의 옷은 물론이고 자잘한 소품까지 꼼꼼하게 챙겨서 촬영장에 보냈습니다. 손수건 같은 작은 소품이 하나라도 없어지면 큰일이었습니다. 촬영장에서 없어진 것인지 배송 중에 없어진 것인지를 알아내야만 했습니다. 브랜드 론칭과 같은 외부 행사가 있을 때면 현장에서 게스트 안내 및 질서 유지도 담당했습니다. 제가 담당하는 명확한 일은 없었습니다. 선배의 일을 돕는 것이 대부분이었죠. 영업팀이나 상품기획팀에 배정된 동기들은 본인만의 일을 하면서 전문가가 되어 가는데 저만 도태되는 기분이었습니다. 마케팅을 잘 알고 싶고 잘하

I   잡지(매거진)에서 제작하는 사진 등의 인쇄물을 말한다.
II 브랜드에서 제작하는 사진이나 영상을 말한다. 패션 브랜드는 보통 봄/여름(SS) 그리고 가을/겨울(FW) 두 번으로 시즌을 나누어 광고 촬영을 한다.

고 싶은데 방법을 몰랐습니다. 저는 서포터로서 그저 시키는 일만 할 수밖에 없었습니다.

삼성물산에서 5년 가까이 일을 하면서 어느 정도 마케팅을 파악했다고 느낄 때쯤 퇴사를 했습니다. 그리고 1년여의 달콤한 휴식 이후 전 직장 선배와 함께 마케팅 회사를 창업하게 되었습니다. 그 땐 몰랐죠. 작은 회사에서 일하면 모든 것을 다 스스로 해야 한다는 당연한 사실을요. 잡무라고 불평할 여유는 없었습니다. 돈이 들어오고 나가는 일을 기록하는 회계팀의 일도, 계약서의 초안을 작성하는 법무팀의 일도, 새로운 직원을 뽑고 조직 문화를 만드는 인사팀의 일도 모두 저희 둘의 몫이었습니다.

마케팅을 하더라도 대기업과는 전혀 달랐습니다. 고객사가 원하면 마케터가 이런 것까지 해야 하나 싶은 일도 어떻게든 해내야만 했습니다. 새벽 4시에 바다로 나가는 통통배에 몸을 싣기도 하고, 촬영장에 전기가 나갔을 때는 두꺼비집을 껐다 켰다 하며 전기를 살려내야 했죠(결국 발전차를 구해서 해결했습니다). 광고 촬영이 다 끝난 후에는 스태프가 먹다 남은 잔반을 처리하고 청소를 하느라 2시간 넘게 촬영장에 남기도 했습니다. 대기업에서 일할 때 하지 않았던, 그래서 몰랐던 마케터의 일을 알게 되었습니다. 이 모든 것이 마케터의 몫이었습니다.

그리고 중소기업 마케팅을 대행하면서는 작은 기업 마케터의 고충도 조금이나마 이해하게 되었습니다. 보통 마케팅팀이 따로 없는 회사가 대부분이었습니다. 마케터는 영업팀이나 기획팀에 속해 있었습니다. 혹여나 마케팅팀이 있어도 마케팅 업무만 하는 마케터는 거의 없었습니다. '이 일은 누가 해야 하지?'라고 생각되는 일은 거의 다 마케터의 몫이었습니다. 중소기업에서 마케터의 역할은 애매한 모든 것을 다 하는 '막해터'에 가까웠습니다. 그들과 많은 이야기를 나누며 스스로를 '잡케터'라고 여기고 혼란스러워하는 마케터의 고민을 더 깊이 이해하게 되었습니다.

이렇게 '터·터·터'를 겪으며 저와 비슷한 상황에서 고민하는 분들을 위해 이 책을 쓰게 되었습니다. 그 당시에는 몰랐습니다. 저는 이미 훌륭한 마케터의 자질을 갖추고 있었음을요. 여러분도 마찬가지입니다.

뷰자데$^{\text{vuja de }III}$의 눈을 갖고 있는 터·터·터

단도직입적으로 말하면 여러분은 뷰자데의 눈을 갖고 있습니다. 훌륭한 마케터가 반드시 갖추어야만 하는 자질이기도 합니다. 처음 들어보는 말일 수도 있지만 그렇게 어려운 개념은 아니니 한번 차근차근 알아보겠습니다.

아마 데자뷰$^{\text{déjà vu}}$라는 말은 들어 보았을 겁니다. 처음 보는데도 불구하고 어디선가 보았던 느낌을 말합니다('우리 어디서 본 적 있나요?'와 같은 작업 멘트와는 다릅니다). 데자뷰를 거꾸로 읽으면 어떻게 될까요? 맞습니다. 뷰자데입니다. 뜻도 반대겠죠? 여러 번 보았음

III   자메뷔(jamais vu)라는 심리학 용어도 있으나 직관적이고 긍정적인 느낌을 살리기 위해 이 책에서는 뷰자데라는 용어를 사용하고자 한다. 본다(view)라는 뉘앙스를 살리기 위해 뷔자데가 아닌 뷰자데로 표기한다.

에도 처음 본 것 같은 느낌이 드는 현상입니다.

　이노베이션 전문가로 불리는 톰 켈리Tom Kelly는 뷰자데를 '새로운 것을 찾아내기보다는 새로운 눈으로 대상을 보는 것'이라고 설명했습니다.[1] 저는 누군가가 말한 '세상을 아이의 눈으로 바라본다면 세상 모든 것에서 기적을 보게 될 것이다'라는 말이 뷰자데를 잘 표현한다고 생각합니다. 이 책에서 말하고자 하는 뷰자데의 의미이고 현재 여러분이 마케팅을 바라보고 있는 눈입니다.

　어느 분야나 마찬가지겠지만, 특히나 마케팅을 오래 하다 보면 데자뷰의 눈을 갖기 십상입니다. 내가 해 봐서 아는데, 다른 브랜드에서 한 걸 봐서 아는데와 같이 대부분의 마케팅을 이미 보았다는 데자뷰의 눈으로 바라보는 것이죠. 마케팅을 시작할 때만 해도 뻔한 것을 뻔하지 않게, 사소한 것도 사소하지 않게 보던 뷰자데의 눈이 어느샌가 사라지는 것입니다. 데자뷰의 눈을 갖고 있는 마케터였다면 60계치킨의 다음과 같은 메시지를 생각해 낼 수 없었을 겁니다.

"매일 새 기름으로 60마리만 조리합니다. 그래서 맛있습니다."

　새 기름으로 60마리의 치킨만 튀기는 것은 치킨 업계에서는 누구나 아는 상식이었습니다. 이 뻔하디뻔한 사실을 뷰자데의 눈으로 새롭게 바라본 마케터는 '60계치킨'이라는 히트작을 만들어 냈습니다. 뷰자데의 승리죠.

60계치킨 광고 영상

뷰자데의 눈을 갖고 있으면 배움의 속도 또한 빠릅니다. 이미 많은 것을 알고 있다고 생각하는 사람과 아무것도 모른다고 생각하는 사람은 배움의 속도에서 차이가 날 수밖에 없습니다. 최고의 마케터 중 한 명인 스티브 잡스Steve Jobs는 생전에 '배고픈 채로 머물고, 멍청한 채로 머물러라Stay Hungry, Stay Foolish'라는 말을 자주 했습니다. 저는 이 말이 뷰자데의 눈을 유지하라는 말처럼 들립니다. 'Stay Hungry', 배고픈 채로 머물러야만 어떠한 음식이든 빠르게 흡수할 수 있습니다. 그리고 'Stay Foolish', 멍청한 채로 머물러야만 어떠한 지식이든 빠르게 흡수할 수 있습니다. 이처럼 몸과 마음을 백지상태로 두라는 말은 백지상태의 눈으로 세상을 바라보라는 말과 같다고 생각합니다. 이 책에서 하나라도 더 흡수하고자 하는 여러분의 태도와 같습니다.

마지막으로 뷰자데의 눈은 고객의 눈이기도 합니다. 마케팅에 익숙한 마케터의 눈이 아니라 마케팅을 처음 보는 고객의 눈 말이죠. 마케팅의 핵심을 네 글자로 말하라고 하면 '고객 중심'이라고 할 수 있습니다. 마케팅의 성공 여부는 '고객에 대한 이해'에 좌우됩니다. 이 때문에 수많은 기업에서 매년 막대한 돈을 들여 고객 조사를 하는 것입니다. 여기에는 문제가 하나 있습니다. 음악을 많이 알면 알수록 음악 그 자체를 즐기기보다 멜로디의 구성, 박자, 악기 등을 분석하는 '음악가音樂家'의 귀를 갖게 되듯이, 고객을 분석의 대상으로만 삼다 보면 고객의 눈을 잃고 고객학을 공부하는 마케터의 눈을 갖게 되기 십상입니다. 다행히도 여러분은 아직 생생한 고객의 눈을 갖고 있습니다. 다른 말로 뷰자데의 눈이죠.

뷰자데의 눈으로 마케팅을 바라봅시다

 뻔한 것도 새롭게 바라보고, 백지상태에서 스펀지처럼 지식을 흡수하며, 고객의 눈으로 마케팅을 바라보는 뷰자데의 눈을 '터·터·터'는 갖고 있습니다. 훌륭한 마케터의 자질을 이미 갖추고 있는 것이죠. 이 점을 명심해야 합니다. 스스로의 자질을 인식하며 책을 읽어주었으면 합니다. 앞으로의 기나긴 마케터가 되는 여정을 나아가면서도 뷰자데의 눈을 잘 간직해 주었으면 합니다.

 이제부터 마케팅이 무엇인지, 마케터는 실제로 어떤 일을 하는지, 마케팅을 잘하는 법과 좋은 마케터가 되는 법, 그리고 마케터가 빠지기 쉬운 함정에 대해 알아볼 것입니다. 몰라서 주저하는 마케터에게는 정보가 되고, 겁나서 주저하는 마케터에게는 용기가 되고, 이제 막 시작한 마케터에게는 응원이 되었으면 하는 바람을 담았습니다. '터·터·터'였던 과거의 저에게 말하듯이 마케팅에 대한 생각을 솔직하고 직설적으로 적어 보았습니다. 그럼, 이제 뷰자데의 눈으로 마케팅을 알아보시죠.

마지막 낙엽과 첫눈 사이에
김용석

마케팅에 대한 책은 넘치도록 많지만, 실제 경험치와 접목되고 당장 실전에 도움이 되는 책은 많지 않다. 오랜만에 한달음에 재미있게 읽을 수 있는 마케팅 책이 나와서 반가웠다.

이 책은 대기업을 나온 저자가 작은 마케팅 회사에서 일하면서 직접 겪은, 여러 다양한 상황의 마케팅 실전 지식이 담겨 있고, 실전을 잘하기 위해 꼭 필요한 마케팅 개념이 알기 쉽게 잘 정리되어 있다.

책을 한 장 한 장 넘기면서 역시 본인이 직접 겪은 이야기는 힘이 있다고 느꼈다. 마케팅에 문외한인 사람들은 재미있게 읽고 쉽게 자신의 케이스에 적용해 볼 수 있을 것 같고 또한 마케팅을 업으로 하고 있는 사람들도 총정리하는 기분으로 다시 한번 봐도 좋을 것 같다.

- **손은경**, 서울시립교향악단 대표이사

기업에서 마케터는 브랜드가 가진 문제를 해결하고 브랜드와 소비자 간의 인식의 간극을 메워 주는 역할을 한다. 마케터가 진정한 성과를 내기 위해서는 문제를 발견하고 이를 해결하기 위한 제안을 하는 단계에 그치는 것이 아니라, 광고, 콘텐츠, 커머스 등 각 채널과 소비자 접점에서 고객의 마음을 얻고 브랜드의 가치를 높이는 실행으로까지 이어져야 한다.

패션 대기업에서 마케팅의 기초를 다지고 광고 회사에서 다양한 클라이언트의 문제를 해결해 온 저자는 이처럼 실행을 통해 성과를 내고, 직업적으로 꽃을 피우는 마케팅의 세계로 독자들을 이끌 것이다. 폭넓은 독서와 경험, 통찰을 기반으로 한 사례들은 마케팅에 입문하려는 독자들에게 다양한 규모의 기업에서 진행되는 실전적 마케팅을 보다 쉽게 보여 줄 것이다.

- 조항석, 삼성물산 패션부문 마케팅홍보 담당 상무

과당 경쟁으로 마케팅과 광고의 효율이 떨어지는 복잡한 시장에서 살아남게 해 주는 한 줄기 빛 같은 책이다. 브랜드 사업 6년 차인 나에게도 사업의 본질을 다시 되새기게 하고 깊은 영감을 주었다.

대기업부터 중소기업까지 다양한 규모인 회사의 마케팅 최전선에서 고군분투한 저자의 경험과 통찰력을 아낌없이 전달한 책이다.

이제 막 마케팅을 공부하려는 학생들, 현업에 있지만 아이디어가 막혀 고민하는 분들, 작은 브랜드를 운영하면서 마케팅을 효과적으로 해보고 싶은 대표님들에게 적극 추천한다.

- 한성욱, 유기농 화장품 시오리스 대표

CONTENTS

CHAPTER 1

마케팅의 의미,
마케터의 의미

세 명의 벽돌공에게 무엇을 하고 있냐고 물었다.
첫 번째 벽돌공은
'돈을 벌고 있습니다'라고 답했고
두 번째 벽돌공은
'벽을 세우고 있습니다'라고 답했다.
그리고 마지막 벽돌공은 다음과 같이 답했다.
'신에게 봉헌하는 대성당을 짓고 있습니다.'

− 크리스토퍼 렌의 〈세 명의 벽돌공 이야기〉 참고 −

마케팅, 홍보, 광고, 브랜딩?
도대체 뭐가 뭐지?

마케팅을 공부하다 보면 계속해서 만나게 되는 단어가 있다. 네이버에서 어떠한 단어를 검색하면 같이 뜨는 연관 검색어처럼 말이다. 바로 광고, 홍보, 브랜딩이다. 이 셋은 마케팅과 떼려야 뗄 수 없는 친구들이다. 이들은 서로 합체하기도 한다. 브랜드 마케팅, 광고 홍보, 광고 마케팅, 홍보 마케팅처럼 말이다.

　이 넷의 차이에 대해서 물어도 제대로 답하는 마케터는 그리 많지 않을 것이다. 그만큼이나 마케터마다 다르게 이해하고 실무에서도 뭉뚱그려서 이야기되는 개념이다. 단 하나의 정답이 있지는 않겠지만 이 넷을 간략하게라도 구분하면 마케팅을 이해하는 데 큰 도움이 될 것이다.

　이와 관련해서 인터넷에 출처 미상의 그림이 돌아다니고 있다. 한 여성에게 사랑 고백을 하는 남성을 통해 마케팅, 홍보, 광고, 브랜딩을 나타내는 그림이다. 우리나라에 맞게 바꾸면 다음과 같다.

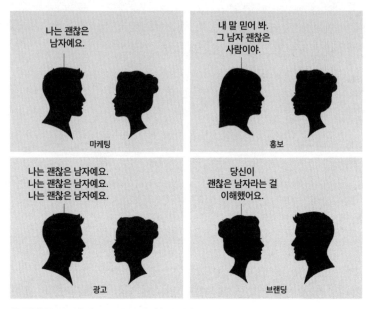

그림 1-1 마케팅, 홍보, 광고, 브랜딩을 나타내는 그림

핵심만 정리해 보면 이렇다. 마케팅은 회사가 고객에게 전하고자 하는 메시지를 '잘 알리고' '믿게(원하게)' 만드는 것이다. 홍보는 회사가 고객에게 전하고자 하는 메시지를 객관적인 제삼자가 대신해서 '잘 알리고' '믿게(원하게)' 하는 것이다. 광고는 마케팅 메시지를 지겨울 정도로 반복해서 고객에게 알리는 것이다. 마지막으로 브랜딩은 앞서 말한 마케팅, 홍보, 광고와는 다르게 고객 관점에서 이야기한다. 다시 말해 브랜드는 회사의 상품과 서비스에 대한 고객의 '생각' 혹은 '직감'이고, 브랜딩은 이를 만드는 과정이다.

사랑 고백을 통해 마케팅, 홍보, 광고, 브랜딩을 너무나도 쉽고 간단하게 설명하는 자료다. 참고로 우리나라 최초의 신문광고인 덕

그림 1-2 우리나라 최초의 광고인 덕상세창양행고백(德商世昌洋行告白)

상세창양행고백도 '광고'라는 말 대신 '고백'이라는 말을 썼다. 진심을 담아서 메시지를 전달해야 한다는 측면에서 마케팅과 고백은 닮았는지도 모르겠다.[2]

깊이 파고 들어가면 한도 끝도 없겠지만, 마케팅을 알아가는 시작점에서는 이 정도만 구분해도 충분하지 않을까 싶다. 간단한 워밍업을 했으니 이제 마케팅을 본격적으로 알아보자.

마케팅은 하나인데,
정의는 수백 개

앞서 마케팅과 홍보, 광고, 브랜딩의 차이를 알아보았다. 이를 통해 마케팅의 핵심은 회사가 고객에게 전하고자 하는 메시지를 잘 알리고 원하게(믿게) 만드는 것이라고도 말했다. 조금 더 직설적으로 말하면 마케팅은 '상품 혹은 서비스를 알리고 사고 싶게 만드는 것'이다. 일반인이라면 이 정도만 이해해도 충분하다. 다만 마케터를 꿈꾸는 혹은 이미 마케터의 길을 걷고 있는 '터·터·터'에게는 부족하다. 한 발짝만 더 나아가 보자.

먼저 마케팅 고수들은 마케팅을 어떻게 정의할까? 현대 마케팅의 아버지라 불리는 필립 코틀러Philip Kotler는 '고객 가치를 탐구하고 창출하며 전달하는 일련의 과정'이라는 맥락으로 마케팅을 설명했다.[3] 쉽게 이야기하면 고객이 원하는 것이 무엇인지 파악하고, 고객이 원하는 것을 만들어서, 고객에게 잘 전달하는 것이 마케팅인 것이다.

대중에게 가장 잘 알려진 마케팅 구루 세스 고딘Seth Godin은 《마케팅이다》에서 다음과 같이 말했다. '마케팅은 누군가의 문제를 해결하는 데 도움을 주는 관대한 행위다. 그리고 마케팅은 사람들이 바라는 모습대로 될 수 있게 도움을 준다.'[4] 즉, 이는 마케팅을 문제 해결과 자아실현의 관점에서 보고 있는 듯하다.

우리나라 고수는 어떻게 생각할까?《내 운명은 고객이 결정한다》의 저자 박종윤은 '상품-모객-접객-관리'의 네 요소가 '고객'이라는 두 글자 안에서 순환되는 구조라고 마케팅을 설명한다.[5] 마케팅은 단지 잘 알리고 사고 싶게 만드는 것에서 그치는 것이 아니라 고객이 상품과 서비스를 경험하는 모든 과정에 관여한다는 것을 강조하고 있다.

실무에서는 조금 더 직설적인 마케팅의 정의를 만나게 된다. 광고주가 원하는 것은 간단하다. 바로 매출 증대다. 이를 조금 풀어서 말하면 '더 많은 고객에게, 더 높은 가치(가격)로, 더 자주 판매하게 해 주는 것'을 마케팅이라고 보는 것이다. 《이렇게만 하면 장사는 저절로 됩니다》의 저자 강호동도 비슷하게 말했다. '마케팅은 사게 하는 것이고, 브랜딩은 사랑받는 것'이라고 말이다.[6]

단 하나의 명쾌한 정의를 원했던 분이라면 수많은 정의 앞에서 혼란스럽기도 하고 답답하기도 할 것 같다. 하지만 어쩌겠는가? 모든 전문직처럼 마케터도 본인이 하는 일을 스스로 정의해야만 한다. 마케팅에 단 하나의 정답이 없듯, 모두가 따라야만 하는 단 하나의 정의도 없다. 마케팅은 암기 과목이 아니다. 지금까지 알아본 마케팅 고수들의 정의를 참고하고 응용해서 여러분만의 정의를 만들어 나가야 한다. 그것이 바로 전문가라 불릴 수 있는 마케터의 태도다.

　그러면 나는 어떻게 생각하는지 궁금할 수 있다. 나는 '마케팅은 진심을 번역하는 일'이라고 정의하고 싶다. 이렇게 정의한 배경에는 대학교에서 영어영문학을 전공하고, 공군에서 통번역을 한 영향이 어느 정도 있을 것이다. 그럼에도 '번역'은 마케팅을 정의 내리기에 꽤 적절한 용어라고 생각을 한다. 간단히 말해 고객이 진짜로 원하는 것을 상품과 서비스로 번역하고, 다시 상품과 서비스를 고객이 이해할 수 있게 적절한 메시지로 번역하는 일련의 행위가 마케팅인 것이다. 여기서 중요한 것은 '진짜로 원하는', 즉 '진심'이다. 고객의 진심과 나의 진심이 서로에게 잘 전해져야 한다. 이를 위해 적절한 번역이 필요한 것이다. 고객이 '더 빠른 말horse을 원한다'라고 말을 해도 그들의 진심은 '더 빠른 운송 수단을 원한다'라는 것을 알아차려야 한다. 헨리 포드가 고객의 진심을 모두가 탈 수 있는 자동차로 번역한 것처럼 말이다. 그러면 이렇게 완성된 상품과 서비스는 어떻게 번역해서 고객에게 알려야 좋을까? 다음 장에서 자세히 알아보자.

마케팅은 진심을
번역하는 일

번역이라고 하면 가장 먼저 떠오르는 것이 무엇일까? 아마도 한국어를 영어로, 영어를 한국어로 번역하는 '언어 간 번역translation'을 떠올리지 않을까 싶다. 하지만 언어학자 로만 야콥슨Roman Jakobson에 따르면 두 가지 유형의 번역이 더 있다. 먼저 이동진 평론가처럼 비전문가가 이해하기 어려운 영화의 내용을 모든 사람이 이해할 수 있게 설명하는 '언어 내 번역rewording'이고, 다른 한 가지는 '사랑한다'라는 말을 '도레미'와 같은 음악으로 표현하거나 '흰색 배경에 붉은색 점'과 같은 미술로 표현하는 '기호 간 번역transmutation'이 있다.

정리하자면 번역은 크게 언어 내 번역, 언어 간 번역, 그리고 기호 간 번역으로 나눌 수 있다.[7] 훌륭한 마케터는 이 모든 번역을 자유자재로 하는 사람이라고 생각한다. 고객의 진짜 마음, '진심'을 중심으로 번역을 하는 것이다. 실제 사례를 보면서 하나씩 알아보자.

언어 내 번역

먼저 '언어 내 번역'이다. '개떡같이 말해도 찰떡같이 알아듣는다'라는 말이 있다. 이에 빗대어 거칠게 말하면 개떡같은 말을 찰떡같이 번역하는 일이 언어 내 번역이다. 이를테면 '우리 침대는 이러저러한 과학적인 기술로 제작되어 그 어떤 침대보다 편안합니다'라는 말을 '침대는 가구가 아닙니다, 과학입니다'라고 직관적이고 인상적으로 번역한 에이스침대처럼 말이다. 혹은 tvN 〈알쓸별잡〉처럼 일반인이 알기 어려운 내용을 각 분야의 전문가가 쉽게 풀어서 설명하는 것도 일종의 언어 내 번역이다.

기업 가치 3조 원을 돌파한 국내 대표 패션 플랫폼 무신사는 2020년에 다소 특이한 메시지를 고객에게 전달했다. 그것은 '다 무신사랑 해'라는 문구였다. 언뜻 무슨 말인지 이해가 안 되지만 곰곰이 살펴보면 무신사가 하고 싶은 수많은 말을 간략하게 번역한 메시지였다. '모든 고객이 무신사를 사랑한다'라는 의미는 물론이고 '모두가 무신사와 함께한다'라는 추가적 의미까지 담아낸 메시지였다. 무신사의 '인기'를 강조함과 동시에 아직 무신사를 '사랑' 혹은 '함께'하지 않는 이들의 동참을 이끌어 내고자 하는 의도가 엿보였다.

무신사 X 정호연의
다 무신사랑 해

다른 나라는 어떨까? 애플의 'Think Different'가 대표적인 언어 내 번역 사례다. 언뜻 보면 애플이 주장하는 차별화Different를 아주 평범하게 '언어 내 번역'한 문장처럼 보인다. 하지만 잘 뜯어보면 그렇게 평범한 번역이 아님을 알 수 있다. 문법적으로 올바르면서 사람들이 주로 사용하는 문장의 형태는 'Think Differently(동사 + 부사)'다. 애플은 이와 다르게 문법적으로 다소 어색할 수 있는 'Think Different(동사 + 형용사)'라고 썼다. 당시에 문법적으로 맞냐 틀리냐에 대한 논쟁도 있을 정도였다.[I] 애플은 굳이 왜 이렇게 문법적으로 무리가 있는 메시지를 만들었을까? 아마도 '다름'이라는 메시지를 한 번 더 부각하기 위함이 아니었을까 싶다. 다시 말해 남들처럼 문법이라는 규칙을 따르는 것이 아니라 규칙을 파괴하는 메시지를 전한 것이다. 소비자가 쉽게 이해할 수 있되 익숙하지는 않은 묘한 지점을 찾아낸 성공적인 '언어 내 번역 사례'라고 할 수 있다.

Apple
Think Different

기호 간 번역

다음으로 '기호 간 번역'이다. 위에서 말한 '언어 내 번역'보다는 난해할 수 있다. 언어가 아닌 다른 무언가로 번역하는 것이기 때문이다. 기업가치 1조 원을 달성한 아이웨어 브랜드 젠틀몬스터가 가장 잘하는 번역이기도 하다.

안경의 주목적은 나쁜 시력을 보완하는 것$^{see\ better}$이겠지만, 젠틀몬스터가 이러한 주목적에 가장 부합하는 안경을 만들어서 성공한

I think를 연결동사, different를 부사로 보면 문법적으로 큰 문제가 없다는 의견도 있다.

것은 아니다. 그보다는 안경의 패션성, 즉 '멋지다look better'라는 메시지를 시대에 맞게 잘 번역했기에 성공한 것이다. 과거에 우리나라에서 이를 가장 잘한 아이웨어 브랜드가 룩옵티컬이다. '안경은 얼굴이다'라는 '언어 내 번역'을 보여 준 것이다.

룩옵티컬 X 2PM
'안경은 얼굴이다'

시대는 변했고 룩옵티컬의 성공을 이끈 '언어 내 번역'은 더 이상 유효하지 않다. 젠틀몬스터는 한 발짝 더 나아갔다. 같은 메시지를 '기호 간 번역'을 한 것이다. 매장을 단순 판매의 공간이 아닌 체험의 공간, 더 나아가 예술의 공간으로 진화시킨 '퀀텀프로젝트'를 통해서였다. 퀀텀프로젝트는 15일에서 25일마다 교체하는 '패션 인스톨레이션Fashion installation'II을 말한다. 아주 간단하게 말하면 거대한 미술 작품을 매장에 설치하는 것이다. 때로는 움직이는 거대한 기계를 놓기도 하고, 때로는 꽃밭을 만들기도 한다. 이를 통해 고객은 안경 매장이 아닌 미술관에 온 듯한 착각에 빠지게 된다.

다시 말해 젠틀몬스터는 '우리의 아이웨어는 멋지다'라는 말을 '안경은 얼굴이다'라는 언어 내 번역이 아닌 설치 미술과 공간이라는 기호로 번역을 한 것이다. 이를 통해 젠틀몬스터의 안경과 선글라스는 단순히 매장에 놓인 상품product이 아닌 미술관에 진열된 예술품Objet d'art으로 변모하게 된다.

젠틀몬스터(아이아이컴바인드)는 아이웨어의 성공에 힘입어 2017년에 코스메틱 브랜드 탬버린즈를 론칭하고 자신들의 특기인 '기호

II   패션과 설치미술의 결합을 의미한다.

그림 1-3 젠틀몬스터의 '퀀텀프로젝트'

간 번역'을 그대로 새 브랜드에 이식했다. 이를 가장 잘 보여 주는 것이 첫 향수 캠페인을 기념해 진행한 '금호 알베르 퍼퓸 팝업'이다. 브랜드가 전하고자 하는 메시지를 '제니의 이미지'와 '거

탬버린즈 [SOLACE: 한 줌의 위안] 전시

인 인스톨레이션'으로 강렬하게 번역했다. 모든 시간과 모든 날짜의 예약이 마감될 정도로 성공적이었다.

언어 간 번역

마지막으로 번역이라는 말을 들었을 때 가장 많이 떠올리는 '언어 간 번역'이다. 외국계 회사에서 일하는 마케터라면 이와 관련된 일을 직간접적으로 하게 될 것이다. 본사에서 정한 메시지를 가이드라인에 맞게 그리고 한국인의 정서에 맞게 번역을 해야 한다. 번역은 단순히 텍스트를 바꾸는 작업이 아니라, 언어 더 나아가 문화를 바꾸는 작업이기 때문에 많은 고민이 필요하다.

우리나라에서 '언어 간 번역'을 가장 잘하는 외국계 회사는 단연 애플코리아다. 글로벌 공식 카피를 어떻게 한국어로 번역했는지 화제가 될 정도다. '당신의 새로운 슈퍼파워'로 직역할 수 있는 'Your new superpower'를 '일상을 위한 비상한 능력'으로 번역한다든지, '사랑스러운 것은 많지만 지불할 것은 적은'으로 번역할 법한 'Lots to love. Less to spend'를 '이상적. 그러나 합리적'으로 군더더기 없이 번역했다. '전 지구적으로 생각하고, 지역적으로 행동하라Think Globally, Act Locally'는 말이 떠오르는 수준급 번역이다. 번역을 전문 번역가가 했는지 마케터가 했는지는 모르겠지만 분명한 것은 번역을 한 사람은 뛰어난 마케터라는 사실이다.

마케터가 하는 일은 회사나 캠페인에 따라 다를 수 있겠지만 '언어 내 번역', '언어 간 번역', '기호 간 번역'의 범주를 크게 벗어나지

그림 1-4 아이폰13 광고

않는다. 마케팅은 진심을 번역하는 일이고, 훌륭한 마케터는 훌륭한 번역가여야 한다고 생각하는 이유다.

그냥 마케터가 아닌
○○ 마케터?

한 매체와의 인터뷰에서 콘텐츠 마케터와 퍼포먼스 마케터를 비교해서 설명해 달라는 부탁을 받은 적이 있다. 요즘은 많은 회사에서 이런 식으로 마케터를 구분해서 채용한다. 스스로를 콘텐츠 마케터 혹은 퍼포먼스 마케터라고 소개하는 경우도 흔히 볼 수 있다. 여러모로 낯설지는 않았으나 난감했다. '칼로 무 자르듯 이렇게 나누는 게 맞나?'라는 생각이 들었기 때문이다.

일단 마케터의 역할을 아주 좁게 생각해 보자. 상품과 서비스를 알리고 사고 싶게 만드는 것이다. 여기서 중요한 말이 하나 빠졌다. 그것은 '가장 효과적으로'이다. 다시 말해 마케터의 역할은 상품과 서비스를 가장 효과적으로 알리고 사고 싶게 만드는 것이다. 이를 위해서는 콘텐츠 마케팅과 퍼포먼스 마케팅 모두를 고려해서 기획하고 실행해야 한다.

그렇다면 콘텐츠 마케팅과 퍼포먼스 마케팅은 무엇일까? 말 그대로 전자는 '콘텐츠를 만들고 관리하는 마케팅'일 것이고, 후자는 '퍼포먼스(구매, 방문과 같은 성과)를 추적하고 만들어 내는 마케팅'일 것이다. 2장 '고객에게 다가가는 여정: 브랜딩과 퍼포먼스 마케팅'에서 자세하게 다룰 내용이라고 알아 두면 좋을 것 같다. 다시 말하지만 마케터는 이 둘을 모두 고려하고 기획해야 한다. 평생 하나만할 수도 없고 그렇게 해서도 안 된다.

2020년에 글로벌 스포츠웨어 브랜드인 스케쳐스의 퍼포먼스 마케팅 대행사 선정을 위한 경쟁 PT에 참여했다. 마케팅 대행사에 경쟁 PT는 피 말리는 싸움이다. 마치 넷플릭스의 〈오징어게임〉에서 참여자의 목숨이 게임의 결과에 의해 좌지우지되는 것처럼, 회사의 존폐가 경쟁 PT의 결과에 좌우되기 때문이다. 특히나 재정이 불안정한 작은 기업의 경우 더욱 그러하다. 탈락하면 직원들의 사기가 떨어지는 것은 물론이고 경쟁 PT를 위해 투입한 시간과 돈을 모두 날리게 된다. 우리 회사는 배수의 진을 치고 준비할 수밖에 없었다.

분명한 것은 PT에 참여하는 경쟁사들이 우리 회사보다 큰 규모라는 점이었다. 글로벌 브랜드에서 진행하는 경쟁 PT이다 보니 그럴수밖에 없었다(뒤늦게 알게 되었지만, 예상대로였다). 식상한 말이지만 이는 다윗과 골리앗의 싸움과 같다. 배수의 진은 물론이고 도망갈 수 있는 배 또한 불태워 없애 버렸다. 그런 심정으로 필사적으로 준비했다.

차별화가 필요했다. 단순히 퍼포먼스 마케팅 전략으로 경쟁을 하면 승산이 없어 보였다. 그때 손자병법의 '먼저 승리를 확보하고 전쟁에 임하라'라는 '선승구전先勝求戰^{III}'이라는 말이 떠올랐다.

우리 회사가 이길 수 있는 판에서 경쟁해야 했다. 경쟁사가 퍼포먼스 마케팅에만 집중할 때, 우리는 마케팅이라는 큰 그림을 그렸다. 퍼포먼스 마케팅이든, 콘텐츠 마케팅이든, 그 어떠한 명칭이 붙더라도 결국은 마케팅이다. 고객이 우리 브랜드를 인지하고, 호감을 갖고 경험하고, 더 나아가 우리 브랜드를 자발적으로 알리고 싶게 만드는 일련의 과정을 고려해서 마케팅 기획을 했다. 퍼포먼스 마케팅은 이를 위한 하나의 수단임을 어필했다.

대기업일수록 안정적인 대행사를 원하는 것이 일반적이다 보니 우리 같이 작은 규모의 대행사를 선정할 확률은 희박해 보였다. 그래도 후회는 없었다. 경쟁 PT를 준비하면서 마케팅이 무엇인지에 대해 동료들과 다시금 깊이 생각할 좋은 기회였으니 말이다. 다른 경쟁 PT를 알아보던 와중에 놀라운 소식을 듣게 되었다. 우리 회사가 공식 대행사로 선정된 것이다.

선정 이유는 우리 회사가 퍼포먼스 마케팅 전략이 아닌 통합 마케팅 전략을 제안한 유일한 대행사였기 때문이라고 했다. 다른 대행사는 기술적인 퍼포먼스 마케팅 제안을 하는 것에 그쳤다면, 우리는 마케팅 목적에 근거한 수단으로써 퍼포먼스 마케팅을 제안한 것이 인상적이라는 말을 들었다. 본질이 승리한 순간이었다. 우리 회사는 지금까지 4년 가까이 스케쳐스의 퍼포먼스 마케팅을 담당하고 있다.

III 승병선승이후구전(勝兵先勝而後求戰)의 준말.

마케팅 앞에 어떤 수식어가 붙든 모두 마케팅을 이루는 조각이다. 세부적으로 파고 들어가서 갈고닦는 것도 중요하지만 전체적인 그림이 배제된 특정한 마케팅은 잔기술에 가깝다는 것을 명심해야 한다. 모든 마케터는 '마케팅'을 한다. 마케팅을 하는 모든 사람은 '마케터'다. 이 점을 잊지 말자.

마케터가 되려면 어떻게 해야 하죠?

Q. 학교생활 중 마케팅 관련 진로를 위해 할 수 있는 활동이 있나요? 마케팅 관련 학과를 나오는 것 외에도 마케터가 될 방법이 있나요?

마케팅 업계 선배들 이야기를 들어 보면 예전에는 확실히 마케팅 관련 학과가 큰 도움이 되었다고 해요. 중앙대학교 신문방송학과(현 미디어커뮤니케이션학부) 출신들이 두각을 나타내기도 했고요.

그런데 더 이상 그렇지는 않은 것 같아요. 제가 삼성에서 마케팅을 할 때도 팀원 중에 관련 학과 출신은 거의 없었어요. 심지어 마케팅 공모전에 응시했던 사람도 많지 않았고요. 우리 회사만 그런가 했는데 다른 회사도 사정이 비슷하더라고요. 마케팅 관련 모임에 나가도 관련 학과 출신을 보기 힘든 걸 보면 마케터가 되는 데 더 이상 단 하나의 길이나 방법은 없는 것 같아요. 《별게 다 영감》을 비롯해서 다양한 책을 써서 유명해진 이승희 마케터도 치기공과를 나왔다고 하니까요.

우리나라에 마케팅 관련 회사는 정말 많아요. 5인 미만의 영세한 회사까지 따지면 정말 수도 없이 많아서 마음만 먹으면 마케팅 관련 일은 쉽게 할 수 있어요. 다만 이름있는 기업의 마케팅팀에서 처음부터 일하는 것은 어려울 수 있죠. 모두가 원하니까요. 질문이 마케터가 되는 방법이라면 누구든 쉽게 시작할 수 있다고 말할 수 있을 것 같고, 유명 기업 마케터가 되는 방법이라면 대답하기는 쉽지 않을 것 같아요. 다만 한 가지 팁을 드리자면 작은 기업부터 시작해서 차근차근 본인만의 마케팅 포트폴리오를 쌓아서 큰 기업으로 이직하는 것은 생각보다 어렵지 않아요.

Q. 마케터가 되는 데 외국어 능력이 필요한가요? 배운다면 어떤 언어를 추천하시나요?

질문에 간단하게 답을 하자면 필요합니다. 다만 필수냐고 물어본다면 그렇지는 않습니다. 외국계 회사나 수출·수입을 하는 브랜드의 마케팅을 한다면 당연히 영어를 잘하는 게 좋겠죠. 이러한 회사에서는 마케팅 능력보다 영어 능력을 더 높게 쳐 주는 경우도 많거든요. 이런 경우를 제외한다면 외국어 능력이 필수는 아닙니다. 다만 외국어를 잘하면 여러모로 좋죠.

일단 다양한 정보를 얻기 수월해요. 최신 마케팅 기법은 물론이고 해외 성공 사례를 분석하여 여러분이 기획하는 마케팅에 반영하기도 쉽겠죠? 저는 영어는 통번역을 하는 수준이고, 중국어는 의사소통이 가능할 정도로 구사하는데, 예기치 않은 상황에서 큰 도움이 되었습니다. 외국계 회사와 콜라보를 하거나, 중국 법인에서 진행하는 이벤트에 참여하는 등의 상황에서 외국어 능력으로 인정을 받을 수 있었거든요. 대기업은 해외 연수도 지원해 주는 경우가 있는데 이때 늘 유력 후보로 오르기도 했죠. 어떤 상황에서든 외국어를 잘하는 것은 큰 도움이 됩니다.

다양한 외국어 중에 한 가지 언어만 뽑자면 단연 영어라고 생각합니다. 제 경험은 물론이고 주위를 봐도 영어만큼 활용도가 높고 도움이 되는 언어는 아직까지는 없는 것 같아요. 물론 본인이 취업하고자 하는 회사가 중국계와 같은 비영어권 국가라면 전혀 다른 이야기겠죠?

Q. 마케터가 되었을 때 유용하게 쓸 수 있도록 지금부터 준비할 수 있는 것들은 무엇이죠?

일단 마케팅 공부를 해야 합니다. 힘들더라도 마케팅 바이블이라고 불리는 필립 코틀러의 책은 꼭 한번 읽어 보면 좋을 것 같아요. 조금 더 대중적인 세스 고딘의 책도 좋고요. 브랜딩까지 생각한다면 데이비드 아커(David A. Aaker)나 마티 뉴마이어(Marty Neumeier)의 책도 추천합니다. 어렵다면 홍성태 교수의 책도 추천해요.

책뿐만 아니라 사람에게도 관심을 가졌으면 해요. 사람들이 무엇을 좋아하고 싫어하는지, 그 이유는 무엇인지 등 마케팅을 꿈꾸는 본인도 대부분은 고객의 입장에서 살아갈 테니 스스로에게 똑같은 질문을 해도 좋을 것 같아요.

이렇게 열심히 공부하고 사람에 대한 관심을 키워도 마케팅을 시작하면 처음부터 다시 배워야 할 거예요. 아는 것과 직접 하는 것은 하늘과 땅 차이니까요. 다만 한 가지 능력은 즉각적으로 써먹을 수 있어요. SNS 운영이죠. 본인이 인스타그램, 틱톡, 유튜브 같은 채널을 잘 운영하고 능력이 뛰어나다면 마케팅 일을 시작하자마자 이쪽에서 두각을 나타낼 수 있을 거예요. 마케터를 꿈꾼다면 SNS는 필수라고 생각하고 운영해 보면 좋을 것 같아요.

Q. 마케터를 꿈꾸는 학생들에게 해 주실 말씀이 있을까요?

솔직히 말씀드리면 지금부터 본인의 꿈을 확정하지는 않았으면 해요. '좋아하는 일'과 '잘하는 일'은 그 일을 직접 해 보기 전까지는 모르거든요. 좋아하는 일도 실제로 해 보면 쉽게 질리는 경우도 많고, 잘한다고 생각하는 일도 프로들 사이에 있으면 터무니없을 정도로 재능이 부족하다는 것을 깨달을 수 있거든요.

다양한 경험을 해 보면서 어떤 일을 좋아하고 어떤 일을 잘하는지 찾아보면 좋지 않을까 싶어요. 저도 서른 살이 다 되어서 마케팅이 적성에 맞는다는 것을 알았거든요. 계획한 게 아니라 우연히 알게 되었죠. 일단 도전해 보고 실패도 해 보세요. 그것도 아주 많이. 그 과정에서 내가 좋아하면서 잘하는 일이 무엇인지 보일 거예요.

CHAPTER 2

체험
마케팅의 현장

경험하기 전까지는
그 어떤 것도 현실이 되지 않는다.

- 존 키츠

마케팅의 첫 단추:
기획

첫 단추를 잘못 끼운 채로 끝까지 단추를 끼우면 둘 중 하나를 선택해야 한다. 단추를 다 풀고 처음부터 다시 제대로 끼우거나, 아니면 나만의 스타일이라고 박박 우기거나. 첫 단추를 제대로 끼우는 것은 이처럼 중요하다.

에이브러햄 링컨은 나무를 베는 데 6시간이 주어진다면 4시간은 도끼날을 가는 데 쓸 것이라고 말했다. 알버트 아인슈타인은 문제를 푸는 데 1시간이 주어진다면 55분은 문제 그 자체에 대해서 생각하고 나머지 5분 동안만 해결책을 생각할 것이라고 말했다.

옷을 입을 때 첫 단추를 끼우는 행위, 나무를 벨 때 도끼날을 가는 행위, 그리고 해결책을 생각하기 전에 문제에 대해 고민하는 행위, 이 모든 것이 기획이다. 마케팅에 있어서도 기획의 중요성은 아무리 많이 강조해도 지나침이 없다. 삼성에서 가장 중요하게 배운 것도 바로 이 기획이었다.

삼성에서 일할 때 1년에 크게 세 번의 마케팅 기획을 했었다. 다음 해의 마케팅에 관한 큰 그림을 전체적으로 그려 보는 AMP^Annual Marketing Plan[I] 한 번, AMP를 기반으로 조금 더 구체적이고 실행할 수 있는 그림을 그려 보는 SMP^Seasonal Marketing Plan[II]를 상반기에 한 번, 그리고 하반기에 한 번. 이렇게 총 세 번의 마케팅 기획을 했다.

세 번의 기획서를 쓰고 발표를 하는 기간은 마케터가 엄청난 스트레스와 중압감에 시달리는 시기이기도 하다. 비유를 하자면 60초 동안 심사위원 앞에서 랩을 하고 피드백을 받아 실패하면 가차 없이 불구덩이 아래로 내려가는 〈쇼미더머니〉의 2차 미션과 비슷하다. 선후배들이 모두 모인 자리에서 기획서를 발표하기 때문이다. 전체적인 평가는 팀장님만 하지만 그 자리에 있는 모든 선후배들이 속으로 평가하고 있다는 것을 알고 있다. 가수가 동료 가수 앞에서 노래하는 것을 극도로 꺼리듯, 마케터도 다른 마케터 앞에서 기획서를 발표하는 것을 꺼린다. 선후배 중에서 기획을 발표한 후에 눈물을 보이는 사람도 있었다. 그만큼이나 힘든 것이 기획이다.

쇼미더머니
불구덩이
미션 영상

기획서를 준비하는 기간에 대부분의 마케터는 야근은 물론이고 주말까지 회사에 나온다. 누가 시키지 않았음에도 자발적으로 일을 하는 것이다. 심지어 팀장님이 집에 가라고 해도 회사에 남아 있다. 입사를 한 지 얼마 안 되었을 때 선배가 기획서를 쓰는 것을 옆에서

I 연간 마케팅 계획.

II 시즌(상반기/하반기) 마케팅 계획.

보고 도운 적이 있었는데, 그 선배는 막차가 끊겨도 집에 가지 않았다. 나는 눈치를 보다가 막차가 끊길 때쯤 선배에게 양해를 구하고 집에 가곤 했다. 아직도 그 선배만 만나면 그때 이야기를 하곤 한다 (지나고 나면 모든 게 추억이 된다).

그렇다면 마케팅 기획은 어떻게 해야 할까? 반드시 알아야 하는 '바른길'과 다양한 상황으로 인해 바른길을 가지 못할 때 택하는 '샛길'이 있다. 일단 바른길을 가볍게 알아보고 나서 샛길에 대해서 이야기해 볼까 한다. 바른길이 다소 지루하더라도 조금만 참을성을 갖고 꼭 끝까지 읽어 주었으면 한다. 바른길을 모르고 샛길만 알게 되면 길을 잃을 수 있으니 말이다.

바른길

마케팅의 아버지라 불리는 '필립 코틀러'의 《Kotler의 마케팅 원리》[1]에는 바른길에 대한 내용이 아주 자세하게 나와 있다. 다만 이 책은 백과사전을 방불케 하는 분량 때문에 읽기 힘들다. 처음부터 끝까지 다 읽은 마케터도 찾기 힘든 지경이다. 이 책의 요약본을 만들더라도 웬만한 책 한 권 분량이 될 정도이니 말이다(그럼에도 한 번쯤은 꼭 읽어 볼 것을 추천한다. 터·터·터라면 무조건 구매했으면 한다). 대신에 필립 코틀러가 말한 바른길을 간단명료하게 잘 표현했다고 생각하는 박주훈의 《나의 첫 마케팅 수업》의 흐름을 참고하여 나의 경험과 생각을 덧대서 한번 요약해 볼까 한다.[2]

시장 분석

바른길의 첫 단계는 시장을 분석하는 것이다. 마케팅이라는 용어를 풀어 보면 시장을 의미하는 'Market'과 현재진행형을 의미하는 'ing'의 합성어다. 직역하면 '현재진행형인 시장'이다. 끊임없이 변화하는 시장을 분석하고 대응하는 것이 마케팅의 직접적인 의미라고 볼 수 있는 것이다. 기획이 시장 분석에서 출발해야 하는 이유이기도 하다.

시장을 알아볼 때는 독수리처럼 하늘 높이 날아올라 큰 그림을 보는 '거시 환경 분석'과 길거리를 직접 발로 뛰며 같은 눈높이에서 세세하게 관찰하는 '미시 환경 분석'을 진행한다. 흔한 말로 숲을 보고, 나무를 보는 것이다.

거시 환경 분석에서 가장 많이 활용되는 방법은 'STEEP 분석'이

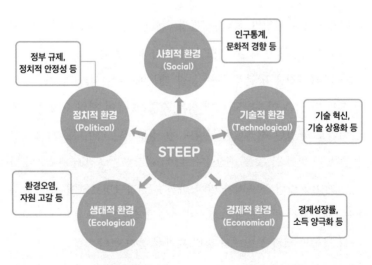

그림 2-1 마케팅의 핵심인 STEEP 분석

다. 사회적 환경Social, 기술적 환경Technological, 경제적 환경Economical, 생태적 환경Ecological, 정치적 환경Political을 다각도로 분석하는 것이다. 눈치챘겠지만 각 환경의 앞 글자만 따서 붙인 이름이다. 마케터 혼자서 STEEP 분석을 하는 것은 현실적으로 힘들다. 이를 담당하는 부서가 따로 있는 회사에 다닌다면 분석 자료를 요청하여 살펴보면 된다. 그렇지 않은 회사에서 일하는 마케터는 분석 자료를 따로 구해야 하는데 그게 쉽지 않다. 어떻게 해야 할까? 이럴 때는 관련 정부 부처 사이트를 방문해 보는 것을 추천한다. 각종 자료가 상당

그림 2-2 기획재정부가 발간하는 각종 경제 자료를 볼 수 있는 발간물 페이지

그림 2-3 증권사 리포트를 한눈에 찾아볼 수 있는 한경컨센서스

히 잘 정리되어 있다. 예를 들어 국가별 1인당 GDP나 물가와 같은 경제적 환경을 알아보고 싶다면 기획재정부의 '발간물' 페이지에서 관련 자료를 쉽게 찾아볼 수 있다. 증권사 리포트도 큰 도움이 된다. 본인이 담당하는 브랜드가 속한 업계의 정보를 아주 자세하게 살펴볼 수 있을 것이다. 특히 한경컨센서스와 같은 사이트를 즐겨찾기로 추가해 두면 도움이 된다. 자사 혹은 경쟁사가 주식 시장에 상장되어 있으면 검색창에 해당 회사 이름을 적으면 리포트를 바로 찾아볼 수 있다.

STEEP 분석을 하게 되면 자연스레 트렌드를 파악할 수 있게 된다. 트렌드라는 것은 다양한 환경적 변화가 함께 만들어 낸 결과물이다. 더 정확히는 이러한 환경적 변화로 인해 나타나는 사람들의 행동 변화다. 트렌드는 크게 세 가지로 나눌 수 있다. 1년 이내로 비교적 짧게 유지되는 변화인 유행Fad, 5년 정도 지속되는 중장기적인 변화의 흐름인 트렌드Trend, 10년 이상 계속되는 메가 트렌드Megatrend가 있다. 예를 들어 '올해의 컬러', '이번 여름 유행 패션' 등은 유행에 해당한다. 한때는 열풍이었지만 지금은 잠잠해진 '한 번 사는 인생 하고 싶은 대로 살자'와 같은 욜로YOLO는 트렌드에 가깝다. 앞으로도 오랫동안 지속될 친환경은 메가 트렌드라고 볼 수 있다.

이렇게 큰 그림을 보았으면 작고 세부적인 그림을 볼 차례다. 마케터가 가장 많이 활용하는 '3C 분석'이 대표적인 방법이다. 몇 년 전에 글로벌 회사의 한국 지사에서 경력직 마케터 인터뷰를 하는데 지원자가 3C를 몰라서 떨어졌다고 한다. 그만큼이나 마케터라면 반드시 알아야 하는 개념이다. 3C는 자사를 의미하는 'Company',

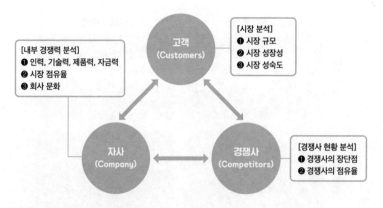

그림 2-4 마케터가 가장 많이 활용하는 3C 분석

경쟁사를 의미하는 'Competitors', 고객을 의미하는 'Customers'의 앞 글자를 딴 용어다. 즉 '나'를 알고 '그들'을 알고 마지막으로 '고객'을 알아가는 과정이자 방법이다. '지피지기백전불태知彼知己百戰不殆III'가 아니다. 마케팅에서는 지피지기에다 '고객'까지 더해야 백전불태다. 여기서 가장 중요한 사람은 누구일까? '나'이다. 경쟁사와 고객은 나의 경쟁사와 나의 고객의 준말이다. '나'는 3C 분석의 시작점이자 핵심이다. 이렇게나 중요한 '나'를 대부분 대충 훑고 지나가는 실수를 한다. 본인을 잘 안다고 혹은 본인이 만든 회사와 브랜드를 너무나도 잘 알고 있다고 착각하는 것이다. 3C 분석을 할 때는 백지에서 다시 분석을 시작해야 한다. 나도 모르는 나를 알아야만 경쟁사 분석과 고객 분석이 의미 있게 된다.

이렇게 큰 그림과 작은 그림을 다 알아보았으면 둘을 종합해서 생

III 상대를 알고 나를 알면 백 번 싸워도 위태롭지 않다는 뜻으로, 상대편과 나의 약점과 강점을 충분히 알고 승산이 있을 때 싸움에 임하면 이길 수 있다는 말이다.

	긍정적 측면	부정적 측면
내부 환경	강점 (Strength) S	약점 (Weakness) W
외부 환경	기회 (Opportunity) O	위협 (Threat) T

그림 2-5 마케팅을 기획할 때 자주 사용하는 SWOT 분석

각해 봐야 한다. 큰 그림과 작은 그림의 교집합을 보는 것이다. 대학생들이 마케팅을 기획할 때 자주 사용하는 SWOT 분석이 대표적인 방법이다. 강점Strength, 약점Weakness, 기회Opportunity, 위기Threat를 뜻하는 SWOT은 둘씩 묶어서 볼 수 있다. 노력으로 바꿀 수 있는 나의 강점과 약점. 내가 어찌할 수 없는 외부적 변수인 기회와 위협이다.

고체 비누를 만드는 가상의 브랜드 '고비'가 있다고 생각해 보자. 이 회사의 장점(S)은 다양한 고체 비누 제작 특허를 보유하고 있다는 점이고, 단점(W)은 신생 브랜드라서 사람들이 잘 모른다는 것이다. 기회(O)는 친환경 트렌드로 인해서 플라스틱 용기에 담는 액상 비누보다, 포장지를 최소화할 수 있는 고체 비누에 대한 고객 수요가 서서히 늘어난다는 점이다. 위협(T)은 세계 곳곳의 전쟁으로 인해 물류비가 급상승하면서 해외에서 전량 수입해야 하는 원재료 비용 또한 늘어난다는 점이다. 이렇게 SWOT을 전반적으로 분석하고 고민해서 내가 선택할 수 있는 옵션을 최대한 많이 생각해 보아야 한다. 그리고 나서 최선을 선택하면 된다. 대개 약점을 보완하기보다는 강점을 더욱 강화하여 위기를 타파하고 기회를 잘 살리는 것이 최선이다.

방향성 정립

큰 그림과 작은 그림의 교집합까지 그려 봤다면 이제 전략을 수립할 차례다. 전략은 '방향성'에 대한 이야기다. 지구상에서 가장 빠른 차를 운전하더라도 낭떠러지 방향으로 달리면 소용이 없다. 그만큼이나 중요한 방향성은 STP가 담당한다. STP는 글자 순서대로 시장을 세분화Segmentation하고 목표 시장을 선정Targeting하고 상품과 서비스를 포지셔닝Positioning하는 일련의 과정이다. 케이윌의 노래 〈오늘부터 1일〉에 나오는 다음 가사가 STP를 간단명료하게 보여 준다.

"못생긴 애들 중에 내가 제일 잘생긴 것 같대"

외모 기준으로 '잘생긴 애', '못생긴 애'로 세분화해 본다. 이 중에서 '못생긴 애'를 목표 시장으로 선정한다. 그리고 자신을 '못생긴 애들 중에 제일 잘생긴 애'로 포지셔닝하는 것이다. STP의 정석이다.

여러분이 읽고 있는 이 책을 예로 들어 조금 더 구체적으로 설명해 보겠다. 마케팅 책을 세분화해 보면 어떻게 될까? 먼저 대학생이 교재로 읽는 다양한 개론서나 원론서가 있을 것이다. 이승희의 《별게 다 영감》처럼 마케팅에 관심이 없는 사람들도 쉽게 읽을 수 있는 마케팅 에세이도 있다. 유성민의 《구글 애널리틱스 완벽 입문》같이 실무자가 필요할 때마다 찾아보는 매우 실용적인 마케팅 책도 있다. 이러한 세분화 과정을 거치고 나면 목표 시장을 선정한다. '실무자가 필요할 때마다 찾아보는 매우 실용적인 마케팅 책'이 이 책의 목표 시장이었다. 목표 시장을 정했다면 포지셔닝을 해야 한다. 목표 시장에 있는 수많은 책들과 이 책은 어떻게 다른 것인가? 즉 차별화를 고민하는 것이다. 실용서 중에서도 '마케팅을 잘 모르지만, 마케팅을 잘하고 싶은 마케터만을 위한 책'으로 포지셔닝을 했다. '마케팅팀에 입사한 사람에게 선물로 줄 수 있는 책' 혹은 '마케팅팀에서 신입사원을 교육할 때 참고하는 책' 등과 같이 구체적인 상황에 맞게 포지셔닝할 수도 있다.

위와 같이 STP를 해 보면 머릿속에 서서히 떠오르는 무언가가 있을 것이다. 지금까지 수립한 전략이 단 한 문장으로 구체화될 것이다. 바로 마케팅 콘셉트다. 이 책의 제목과 부제를 합치면 '뻔한 것을 새롭게 보는 마케팅 첫보기, 마케팅 뷰자데'인데 이것이 일종의 마케팅 콘셉트다. 표지의 선글라스를 쓴 고양이는 이를 시각화한 것이다. 고양이는 시작하는 마케터를 의미하고, 선글라스는 마케팅을 처음 보는 그리고 새롭게 바라보는 관점인 뷰자데를 의미한다. 참고로 사람들의 눈을 사로잡는 광고의 3가지 요소로 3B[IV]가 있는데 이 중에서 동물인 고양이를 선택했다(이 책은 내용도 중요하지만, 세세한 부분까지 마케팅 요소를 적극 반영했다. 책 그 자체가 마케팅으로

IV 광고 주목도를 높이는 세 가지로 미인(Beauty), 아기(Baby), 동물(Beast)을 의미한다.

느껴졌으면 했다).

4P MIX

마케팅 콘셉트까지 만들었다면 4P를 고민할 차례다. 마케터가 지겹도록 듣는 용어인 4P는 제품Product, 가격Price, 유통Place, 판촉Promotion을 뜻한다. 앞서 말한 마케팅 콘셉트를 일관성 있게 4P에 적용하는 것을 마케팅 믹스Marketing Mix라고 부른다. 고객으로부터 원하는 반응을 이끌어 내기 위해 4P를 적절하게 조합하는 것이다. 이때 가장 중요한 것은 '일관성'이다. 극단적으로 말해 에르메스 핸드백Product을 다이소Place에서 비싼 가격Price으로 판매하면서 1+1 프로모션Promotion을 할 수 없다는 말이다. 에르메스와 같은 럭셔리 브랜드는 장인이 만드는 수준 높은 상품, 비싼 가격, 백화점과 같은 고급 유통, 그리고 할인 프로모션의 정반대인 No Sale 정책으로 4P를 일관성 있게

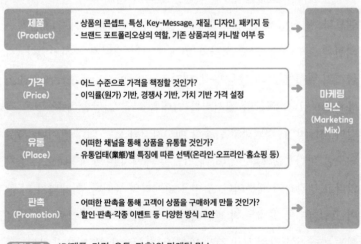

그림 2-6 4P(제품, 가격, 유통, 판촉)와 마케팅 믹스

가져간다.

최근에는 4P라는 용어를 4A로 바꾸자는 의견이 나오고 있다. 4P는 생산자 관점의 용어이다 보니 고객을 중심으로 생각해야 하는 마케터에게 어울리지 않다는 게 그 이유다. 제품은 '고객의 수용성 Acceptability', 가격은 '고객의 지불 가능성 Affordability', 유통은 '고객의 접근성 Accessibility', 판촉은 '고객의 인지도 Awareness'로 바꾸자는 말이니 참고로 알아 두자.

4P와 마케팅 믹스까지 완료했다면 이제 소비자에게 전달할 구체적인 메시지를 만들어야 한다. 앞서 정한 마케팅 콘셉트를 그대로 말하는 것도 방법이다. 다만 콘셉트가 다소 어렵다면 고객 관점에서 메시지를 직관적이고 단순하게 만들면 좋다. 내가 브랜드 컨설팅을 담당했었던 브랜드의 예시를 한번 들어볼까 한다.

2019년부터 2020년까지 '더엣지'라는 브랜드의 컨설팅을 담당했었다. 지금은 연 매출 2,000억 원을 돌파한 CJENM의 대표 패션 브랜드다. 컨설팅을 통해 브랜드와 관련하여 A부터 Z까지 종합적인 의견을 드렸는데, 그중 하나가 위에서 말한 소비자 메시지였다. 지금까지 말한 분석의 틀을 통해 내가 도출한 메시지는 'Every Stylish Moment'였다. 거창한 메시지를 기대한 분은 실망할 수도 있을 것 같다. 지극히도 평범하고 단순한 메시지처럼 보일 테니 말이다. 사실 의도한 바다. 고객을 고민하게 만드는 메시지는 마케팅적으로 좋지 않다고 생각하기 때문이다. 고민은 마케터의 몫이다. 마케터가 더 많이 고민할수록 고객은 더 편안해질 수 있다. 고객이 편안하게 받아들이되 곰곰이 생각해 보면 깊은 맛이 우러나는 메시지였으면 했다.

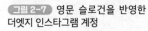
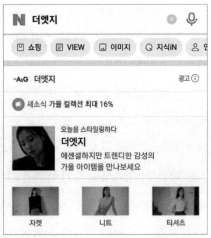

그림 2-7 영문 슬로건을 반영한 더엣지 인스타그램 계정

그림 2-8 국문 슬로건을 반영한 더엣지 네이버 브랜드 검색 페이지

다시 말해 브랜드의 가치를 누구나 이해할 수 있게 쉽고 직관적으로 전달하고자 했다. 다만 메시지를 곱씹으면 곱씹을수록 다양한 맛이 났으면 했다. 더엣지라는 브랜드는 트렌드 세터만을 위한 브랜드도 아니고, 스타일에 관심 없는 사람을 위한 브랜드도 아니다. 시간으로 말하면 '내일'도 '어제'도 아닌 '오늘'이고, 공간으로 말하자면 그 어떤 곳도 아닌 '바로 여기'다. 사람으로 말하면 '트렌드를 이끄는 극소수'도 '트렌드에 끌려다니는 대다수'도 아닌 '트렌드에 휘둘리지 않는 나만의 스타일이 있는 다수'였다.

이러한 시간, 공간, 사람을 하나의 메시지에 담고자 했다. 시간, 공간, 사람을 모두 담을 수 있는 큰 그릇인 'every'. 패션 브랜드 더엣지의 대표 속성인 'stylish'. 그리고 '오늘 바로 여기'라는 한 점을 나타낼 수 있는 'moment'. 이 셋을 조합한 메시지를 그렇게 만들게 되었다. 하나 더 고민한 것은 3의 규칙Rule of Three[V]을 지키는 것이었다. 가장 유명한 브랜드 슬로건인 나이키의 'Just Do It', 버락 오바마Barack Obama를 미국의 대통령으로 만든 슬로건인 'Yes We Can', 그리고 서양 역사에서 가장 유명한 말 중 하나인 'Veni Vidi Vici(왔노라, 보았노라, 이겼노라)'는 모두 3의 규칙을 따르고 있다. 심지어 국민 만화 뽀로로를 상징하는 노래인 '노는 게 / 제일 / 좋아'도 3의 규칙을 따른다. 여러모로 각인 효과가 가장 큰 방식이자 규칙이다.

'Every Stylish Moment(모든 스타일리시한 순간에는 더엣지가 함께한다)'라는 단순하고 직관적인 문장 안에 이렇게 다층적인 의미와 생각을 담았다. 더엣지의 우리말 슬로건 '오늘을 스타일링하다'에서는 이러한 숨은 의미를 조금 더 직접적으로 드러내고자 했다. 메시지가 성공적인지 아닌지를 단적으로 판단하기는 힘들다. 메시지 하나만으로 브랜드가 성공하고 실패하는 것은 아니기 때문이다. 다만 더엣지에서 4년 가까이 내가 제안한 메시지를 유지하고 있고 컨설팅 이후 매출도 지속해서 상승하고 있는 것을 보면 컨설팅과 메시지가 어느 정도 도움이 되지 않았을까 하고 조심스레 추측할 뿐이다.

예산 및 스케줄

마케팅 메시지까지 만들었다면 기획의 끝자락에 온 것이다. 조금만 더 힘을 내 보자. 이제 마케팅 메시지를 '언제', '어디서', '어떻게'

V 어떠한 메시지를 세 덩어리(단어, 문장, 문단 등)로 구성하면 머릿속에 오랫동안 기억에 남는다는 현상을 따르는 규칙이다.

고객에게 전할지를 고민하는 마케팅 커뮤니케이션 계획을 할 차례다. 1월, 2월, 3월처럼 월 단위로 계획을 수립할 수도 있고 1주 차, 2주 차, 3주 차처럼 주 단위로 수립할 수도 있다. 캠페인의 성격에만 맞게 만들면 된다.

이때 월별 혹은 주차별로 필요한 마케팅 예산도 함께 고려해야 한다. 당연한 말이지만 회삿돈을 내 맘대로 아무렇게나 쓸 수 없다. '왜 쓰는지' 그리고 '잘 썼는지'를 확인할 수 있는 기준을 설정해야만 한다. '왜 쓰는지'는 '목표', '잘 썼는지'는 '성과 측정 기준'이라 부른다. 이때 가장 많이 쓰는 방법은 인텔의 앤디 그로브^{Andy Grove}가 창안한 OKR이다. O는 목표를 의미하는 'Objective', KR은 핵심 결과를 의미하는 'Key Result'이다. 예를 들어 O는 '온라인몰 이익 증대'와 같은 방향성을 의미하고, KR은 '온라인몰 고객의 객단가[VI] 100% 증대'와 같이 목표 달성을 위한 측정할 수 있는 핵심 결과를 말한다.

OKR까지 마무리하면 계획한 마케팅을 실제로 집행한다. 마케팅 캠페인이 종료되면 반성의 시간을 갖는다. 무엇을 잘했고 무엇을 잘못했는지를 살펴보는 것이다. 이를 '습득 교훈^{Lessons Learned}'이라고 부른다. 즉, 잘했던 것은 더욱 발전시키고, 못했던 것은 어떻게 개선할지 정리하는 것이다. 그리고 다시 첫 단계부터 기획을 반복하면 된다.

VI 상거래에서 고객 1인당 평균 매입액을 말한다. 일정 기간의 매출액을 그 기간의 고객 수로 나누어 산출하는 것으로 매출액을 분석하는 중요한 자료로 활용된다. 즉 매출액은 '입점객 수 × 구매율 × 객단가'로 산출되므로, 향후 매출을 증대시키기 위하여 객단가를 향상시킬 필요가 있다.

· 바른길 순서 정리 ·

1) 시장의 숲STEEP을 보고 나무3C를 본 다음 종합적으로 생각SWOT한다.

2) 종합적인 생각SWOT을 바탕으로 방향성STP을 정하면 브랜드 콘셉트가 완성된다.

3) 브랜드 콘셉트를 일관성 있게 4P에 반영하고 이를 적절하게 섞는다4P Mix.

4) 4P Mix에 따라 마케팅 예산을 시기별로 어떻게 쓸지(마케팅 커뮤니케이션 계획)를 결정한다.

5) 마케팅 커뮤니케이션 계획의 목표와 평가 기준OKR을 정한다.

6) 마케팅 종료 후에 축하 및 반성의 시간Lessons Learned을 갖고 다음 캠페인에 반영한다.

7) 1번부터 다시 시작한다.

샛길

마케팅을 하기 위해서 이렇게나 많은 단계를 거쳐야 한다고? 막막한 기분이 들 수도 있다. 심지어 마케팅에 흥미를 잃을 수도 있을 것 같다. 이쯤에서 한 가지 좋은 소식을 전하고자 한다. 사실 이 모든 단계를 거치지 않아도 된다. 실무를 하다 보면 시간 부족, 인력 부족 등 다양한 이유로 인해 바른길을 다 거쳐서 마케팅을 기획하기란 현실적으로 힘들다. 어쩌면 위에서 말한 바른길을 처음부터 끝까지 다 걷는 마케터는 극소수일지도 모른다. 그렇다면 실무자들은 어떻게 기획을 할까? 회사마다, 팀마다, 사람마다 다르겠지만 일반적으로 가장 중요한 부분에 집중해서 기획을 하는 편이다. 4P를 중심으로 기획하는 마케터, 3C 분석을 중점적으로 하는 마케터, STP에만 집중하는 마케터 등 각자의 방식에 맞게 기획을 한다. 회사에서 정한 기획서 템플릿이 있는 경우 이에 맞추어 기획을 하기도 한다.

마케팅에 익숙하지 않은 사람이 쉽고 빠르게 기획하는 방법을 나에게 물어본다면 '타메채'를 말할 것 같다. 삼성에 입사하자마자 선배가 나에게 알려 준 팁이기도 하다. 다만 지금부터 말하는 내용은 선배가 말해 준 내용과는 다를 수밖에 없다. 나의 경험과 관점이 강하게 반영된 '타메채'이기 때문이다.

먼저 '타메채'는 무슨 뜻일까? 타깃, 메시지, 채널의 준말이다. 풀어서 말하면 '누구에게(타깃)', '어떤 말을(메시지)', '어디서 할 것인가(채널)'를 고민하는 기획의 틀이다. 버지니아 울프Virginia Woolf도 이와 비슷한 말을 했다. '독자가 누구인지 알면 글을 어떻게 써야 하는지 알 수 있다.' 타깃이 정해지면 메시지는 자연스레 나온다는 것이다. 여기서 어디서 말할지를 정하는 채널까지 고려하면 '타메채'는 완성된다. 굉장히 단순하지만, 상당히 유용하다.

2018년도에 위워크 광화문 지점에서 전 직장 선배와 함께 사업을 시작했다. 식당은 오픈발이라고, 개업을 하면 한동안은 손님들로 가게가 북적인다. 하지만, 마케팅 회사는 그렇지 않다. 오픈하고 가만히 있으면 파리만 날릴 뿐이다. 무엇이라도 해야 했다. 회사도 알리고 위워크 커뮤니티 분들에게도 도움을 주고자 원데이 브랜드 컨설팅을 진행했었다. 매우 짧은 컨설팅이었기에 바른길이 아닌 샛길로 걸을 수밖에 없었다. 이때 '타메채'를 적극 활용했다. 이 방법으로 다양한 회사의 마케팅 밑그림을 그려 드렸는데, 대표님들의 반응이 놀라웠다. 그동안 무엇을 할지 감도 잡히지 않았는데 모든 것이 분명해졌다고 감사를 표한 것이다. 단순히 '타깃', '메시지', '채널'만 고민했는데도 많은 문제가 해결된 것이다. 다시 한번 타메채의 유용함을 느낀 순간이었다.

작년에는 같은 빌딩에 있는 이웃 회사 대표님께서 마케팅 조언을 구해 왔다. 정식 컨설팅을 해 드릴 상황은 아니었기에 타메채를 통해 도움을 드려야겠다는 생각을 했다. 이야기를 조금 듣다 보니 문제가 바로 보였다. 마케팅을 어느 정도 했음에도 불구하고, 타깃, 메시지, 채널이 명확하게 정해지지 않은 것이었다. 매우 촉박한 상태로 보여 광고를 집행하면서 동시에 '타메채'를 정하는 조금 더 빠른 방법을 알려 드렸다. 별명을 붙이자면 '초고속 타메채'라 할 수 있을 것 같다. '준비-조준-발사'가 아닌 '준비-발사-조준[3]'의 방법이다.

누구에게(타깃)

아리스토텔레스는 '만인의 친구는 그 누구의 친구도 아니다'라는 명언을 남겼다. 이에 빗대어 말하자면 '모든 사람을 위한 마케팅은 그 누구를 위한 마케팅도 아니다.' 마케팅 기획에 있어서 가장 중요한 것은 바로 나만의 고객을 찾는 일이다.

수많은 도미노를 일일이 쓰러뜨리는 대신 가장 앞에 서 있는 단하나의 빅 도미노를 밀어서 수많은 작은 도미노를 쓰러뜨리는 것이 가장 효율적이다. 여기서 빅 도미노를 미는 행위가 나만의 명확한 고객을 찾는 일이다. 다른 말로 페르소나Persona를 설정하는 것이다. 단순히 '30대 남성'으로 고객을 설정하는 것이 아니다. '1990년 서울 출생으로 연세대학교 경영학과 졸업 후 삼성전자 무선사업부 마케팅팀에서 근무하면서 주말에는 양양에 가서 서핑을 즐기며 인스타그램에 게시물을 월평균 10회 올리는 남성'처럼 매우 구체적으로 고객을 그리는 것이다. 실무에서 페르소나를 설정할 때는 이보다 훨씬 더 세세하고 구체적이어야 한다. 그 사람의 일과를 몰래 지켜보듯 생생하게 그려내야 한다. 그래야만 뒤이어 이야기할 메시지와 채널이 분명해진다. 페르소나를 그렸다면 데이터를 통해 우리 상품과 설정한 타깃이 잘 맞는지 확인해야 한다.

마케팅을 어느 정도 진행한 경우라면 기존에 설정한 타깃과 실제로 마케팅에 반응하는 고객을 면밀히 비교해 볼 필요가 있다. 먼저 우리 제품과 서비스를 가장 많이 구매하고 있는 사람들을 살펴보자. 매출 데이터가 부족하다면 광고를 가장 많이 클릭하거나 웹사이트에 가장 많이 방문하는 고객처럼 광고 반응도가 가장 높은 사람들을 분석해야 한다. 이러한 사람들이 우리가 설정한 타깃과 일치하는지를 살펴보고 다르다면 타깃을 다시 설정해야 한다.

신상품의 경우 대부분 상품을 만든 사람 머릿속에 타깃 고객이 있다. 상품과 서비스는 누군가의 문제를 해결하기 위해 만든 것이기 때문에 '누구'를 배제한 채 무엇을 만들기란 힘들기 때문이다. 다만 상품과 서비스를 만든 사람이 생각하는 타깃과 실제로 반응하는 고객이 다를 수 있다. 협심증 환자를 위해 만든 약을 성기능 장애를

겪고 있는 사람들이 더 많이 구매하는 것처럼 말이다(맞다. 비아그라 이야기다).

신상품을 담당하는 마케터는 더욱 면밀히 고객을 확인해 볼 필요가 있다. 다양한 방법이 있겠지만 가장 쉽고 빠른 방법은 실제로 광고를 해 보는 것이다. 메타의 페이스북이나 인스타그램에서는 소액으로도 광고를 집행하고 효과를 측정할 수 있다. 제품과 서비스의 간단한 내용만 담은 광고를 만들어서 '나이별', '성별', '관심사별'로 세분화해서 이미지와 텍스트가 동일한 광고를 집행해 보는 것이다. 구매자가 많다면 매출 지표를 보면 되지만 대개의 경우 구매자 데이터가 충분하지 않을 것이다. 그럴 때는 구매자 데이터로 섣불리 판단하기보다는 고객의 구매 의향을 살펴볼 수 있는 클릭률Click through Rate[VII]을 살펴보는 편이 낫다. 이를 통해 누가 우리 제품에 가장 많은 관심을 갖고 있는지를 살펴보고 타깃을 설정할 수 있다.

광고 메시지는 어떻게 하냐고? 간단하게는 '○만 원에 이 서비스를 경험해 보세요'와 같이 구매 행동을 유도하는 CTACall to Action[VIII] 문구로 광고를 해 볼 수 있다. 이때 광고 소재는 모두 동일해야 한다는 점이 중요하다. 이미지, 텍스트 등 모든 요소를 똑같이 하고 '나이별', '성별', '관심사별' 분류만 달리해야 정확한 비교를 할 수 있다.

어떤 말로(메시지)

타깃을 찾았다면 이제 메시지를 만들어 보자. 바른길에서도 언급

VII 실무에서는 흔히 CTR이라 부르며 노출 당 클릭을 한 유저의 비율을 의미한다.
VIII '더 알아보기', '구매하기'와 같이 사람들의 행동을 유도하는 문구이다.

했지만 메시지는 고객 관점에서 생각해야 한다. 구체적으로 말하면 '고객의 문제를 해결한다는 관점에서' 생각해야 한다. 와디즈 디렉터들이 쓴 《신상품》에서는 이를 생산자 관점의 메리트merit와 소비자 관점의 베네핏benefit으로 구분했는데 과거의 사례를 통해 한번 알아보자.[4]

스마트폰이 나오기 전에는 대부분 사람들은 MP3 플레이어로 음악을 들었다. 기억하는 분들도 있겠지만 MP3 플레이어의 핵심은 용량이었다. 용량이 커야 더 많은 노래를 들을 수 있었기 때문이다. 그당시 회사들은 이를 강조하기 위해 '우리 회사 MP3의 용량은 1GB나 됩니다', '세계 최초 5GB!'와 같이 생산자 관점에서 메리트를 이야기하곤 했다. 모든 회사의 공통 전략이었다.

하지만, 애플은 달랐다. 스티브 잡스는 '청바지 주머니에 넣고 다닐 수 있는데 1,000곡의 노래를 들을 수 있다'라고 말했다. 5GB가 아닌 1,000곡의 노래. 즉, 상품의 메리트가 아닌 고객의 베네핏을

그림 2-9 애플의 2001년 아이팟 광고

말한 것이다. 어느 메시지가 더 효과적이었는지는 다시 말할 필요가 없을 것 같다.

베네핏으로 메시지를 생각해 보려고 하는데 잘 떠오르지 않는다면 '별명'을 짓는다고 생각하면 도움이 된다. 《노자 마케팅》의 이용찬 저자는 별명이 곧 브랜드 콘셉트라고 말했다. 그는 이러한 관점에서 다양한 브랜드에 다양한 별명을 붙였다. 다시다에는 '고향의 맛', 오리온 초코파이에는 '정情'과 같이 말이다. 별명을 짓기 힘들다면 고객에게 도움을 청해 보자. 그들이 우리 제품을 어떤 식으로 부르는지 살펴보는 것이다. 예를 들어 고객들은 빙그레의 바나나맛우유는 용기가 뚱뚱해서 '뚱바(뚱뚱한 바나나우유)', 삼성물산의 에잇세컨즈는 한국어로 직역한 '8초'라고 부른다. 두 브랜드 모두 고객이 부르는 별명을 활용하여 효과적인 마케팅을 진행한 바 있다.

그림 2-10 에잇세컨즈가 틱톡과 함께한 컬래버레이션 캠페인

이렇게 고객 관점에서 메시지를 정리했다면 타깃을 정할 때와 마찬가지로 테스트를 해 볼 수 있다. 이번에는 타깃과 이미지를 동일하게 하고 메시지만 달리해 보며 소액으로 광고를 해야 한다. 타깃을 찾을 때와 마찬가지로 가장 많은 클릭을 일으키는 메시지가 무엇인지 찾으면 된다. 그것을 중심 메시지로 잡는 것이다.

어 디 서(채널)

타깃과 메시지를 정했다면 마지막으로 채널을 정해야 한다. 우리의 고객은 어디에 있는지 어디에서 가장 많은 시간을 보내는지를 알아보는 것이다. 조금 더 구체적으로는 어디에서 우리 광고를 보았을 때 가장 납득할지를 생각해 보는 것이다. 선택지는 다양하다. 유튜브나 틱톡과 같은 영상 매체는 물론이고 인스타그램, 페이스북과 같은 SNS, 네이버나 카카오톡과 같은 국내 플랫폼도 생각해 볼 수 있다. 타깃이 '학부모'처럼 구체적이고 명확하다면 '아이엠스쿨', '김급식'과 같은 버티컬 매체Vertical Media[IX]도 고려해 볼 수 있다. 예산이 많다면 과거에 4대 매체로 불렸던 TV, 라디오, 신문, 잡지도 생각해 볼 수 있다.

다양한 채널에 동시다발적으로 광고를 집행할 수도 있다. 아니, 그렇게 하는 경우가 더 많을지도 모른다. 그럼에도 불구하고 가장 큰 비용을 태울[X] 핵심 채널을 생각해야 한다. 예산이 많더라도 핵심 채널을 생각해야만 하고, 예산이 적다면 더욱 선택과 집중을 해야

IX 특정 분야나 주제에 대해 관심이 있는 사람들이 모인 매체를 의미한다.
X 마케팅 업계에서는 승객을 차에 태운다는 말처럼, '광고를 태우다'라는 용어를 자주 쓴다.

한다. 채널별로 적합한 콘텐츠의 형태가 다르기 때문이다. 영상 광고라도 TV에 적합한 영상과 틱톡에 적합한 영상이 전혀 다르듯이 말이다. 어떤 채널을 최우선으로 고려하는지에 따라 콘텐츠의 방향성도 달라진다.

다시 한번 말하지만, 채널에 있어서 가장 중요한 질문은 '나의 고객은 어디서 가장 많은 시간을 보내냐?'이다. 더 구체적으로는 '어디에서 우리 광고를 보았을 때 가장 관심을 갖고 지켜볼까?'이다. 이 질문에 대한 답을 고민하다 보면 어떤 채널에 광고를 내보낼지 명확하게 보이기 시작할 것이다.

인내심을 갖고 바른길과 샛길을 모두 읽은 분들이라면 이 두 길이 별개가 아님을 느꼈을 것이다. 바른길에 대한 이해에 따라 샛길은 지름길이 될 수도 삼천포로 빠지는 엉뚱한 길이 될 수도 있다. 지난한 기획의 시간을 보냈으니 이제 마케팅의 꽃이라고도 할 수 있는 '광고 제작'으로 넘어가 보자.

마케팅의 꽃:
광고 제작

우리는 하루에 몇 개의 광고에 노출될까? 이 질문을 지금까지 수백 명에게 한 것 같은데 단 한 명도 맞힌 사람이 없었다. 정답에 가까운 답변조차 없었다. 적게는 열 개 내외에서, 많게는 수백 개라는 답변이 나오곤 했지만, 정답과는 거리가 멀었다. 아주 멀었다.

정답은 3,000~10,000개다. 실수로 0을 하나 더 붙인 게 아니라 제대로 적은 게 맞다. 최대 1만 개! 엄청나지 않은가! 2017년 미국에서 발표된 기사 기준이기 때문에 2024년 우리나라 기준으로는 이보다 더 많지 않을까 싶다.[5]

물론 '노출'과 '봤다'는 다른 개념이다. 예를 들어 하루 종일 TV를 켜 놓고 스마트폰으로 게임을 했다면 단 한 개의 TV 광고도 보지 않은 것이다. 수백 개의 TV 광고에 노출되었음에도 이를 광고를 봤다고는 할 수 없는 것이다. 이처럼 노출[XI]이라는 개념이 그렇다.

강남역에서 친구를 만나기로 했다고 생각해 보자. 역을 나오는 계단의 상하좌우에 광고가 붙어 있다. 출구를 나와 어느 방향으로 걷든 주변 빌딩에 붙은 수많은 광고가 당신을 향해 반짝인다. 때로는 음식점이나 헬스장을 홍보하는 전단지가 여러분에게 건네진다. 이처럼 우리가 보든 안 보든 수많은 광고는 늘 우리에게 노출된다. 조금만 의식한다면 우리의 일상은 수많은 광고로 가득 차 있음을 깨닫게 된다. 우리의 하루를 그대로 TV 프로그램으로 만든다면 방송광고법 위반으로 경고를 받을지도 모른다. 광고의 폭주일 테니 말이다. 광고를 만들겠다는 것은 이처럼 매일매일 수천 대 1에서, 많게는 수만 대 1의 경쟁률을 뚫고 고객의 머릿속에 메시지를 남기겠다는 각오이자 다짐이다.

물론 광고 제작은 재밌다. 힘들기도 하지만 흥미진진하고 보람된 일이다. 머릿속의 그림이 현실이 되는 기적 같은 순간이기 때문이다. 마케터를 꿈꾸는 사람들이 가장 기대하고, 때로는 마케팅의 전부라고 생각하는 것이 광고일 수밖에 없는 이유이기도 하다. 유명 연예인을 직접 만나 보는 기쁨도 있다. 운이 좋으면 꿈에 그리던 연예인을 보기도 한다. 내가 광고 촬영을 하며 만나 본 연예인으로는 박신혜, 비, 이경규, 이덕화, 장동건, 정일우, 이종석, 차은우, 현빈 (가나다순) 등이 있다. 경력이 쌓일수록 이러한 기쁨은 무덤덤함으로 바뀌곤 하지만 어쨌든 즐거운 일이다.

이쯤에서 질문 하나! 광고를 왜 할까? 간단하게 말하면 알리기 위해서다. 기획 단계에서 만든 메시지를 고객에게 알리기 위해서다. 끊임없이 같은 메시지를 외치는 이유다. 너무나도 당연한 이 사실

XI 퍼포먼스 마케팅에서는 임프레션(Impression)으로 불리는 개념이다.

을 우리는 종종 잊는다.

대학교 교양 수업 때 일이다. 교수님이 질문을 했다. '여러분이 생각하는 최악의 광고를 말해 보세요.' 너 나 할 것 없이 각자가 생각하는 최악의 광고를 말했다. 신문방송학과 전공자들은 논리적인 이유까지 곁들여 가며 최악의 광고에 대해서 말했다. 대답을 다 들은 교수님은 씩 웃으면서 말을 이어 나갔다. '여러분이 말한 모든 광고는 최악의 광고가 아니에요. 이렇게 묻자마자 떠올릴 수 있는 광고라면 최악은 아니죠. 엄청난 돈을 썼음에도 기억에 남지 않는 광고가 최악이겠죠.' 정말이지 머리가 띵해지는 순간이었다.

기존 고객도 떠나게 만드는 부정적인 광고가 최악이라고 말할 수도 있을 것이다. 다만 광고를 하는 주요한 목적은 알리기 위함이라는 점을 다시 한번 생각해 보면 좋을 것 같다. 악플보다 무서운 건 무플이라고 하지 않던가!

좋은 광고는 무엇일까? 다양한 요소가 있겠지만, 기본적으로는 잘 알리는 광고다. 열 번 광고할 것을 한 번만 해서 고객에게 정확하게 메시지를 알릴 수 있다면 좋은 광고라고 생각한다. 이를 위해서는 과도한 욕심을 버려야 한다. 끊임없이 덜어내야 한다. 제품과 서비스의 수많은 장점을 모두 욱여넣기보다는 결정적인 단 하나의 메시지를 명확하게 담아야 한다. 미스 반 데어 로에^{Mies van der Rohe}가 말한 'Less is more'처럼 덜어낼수록 더 풍성해진다. 광고를 제작할 때는 이 점을 늘 명심해야 한다.

광고 제작 과정은 크게 다음과 같이 나눌 수 있다. 광고 스토리를 구성하는 '콘티 제작', 콘티에 따라 영상을 만드는 '촬영', 촬영한 영상을 완성본으로 만드는 '편집', 광고 집행 전 최종적으로 점검하는 '시사'가 있다.

콘티 제작

콘티^{XII}는 Continuity를 줄여 부르는 것으로 기획한 콘셉트와 메시지에 맞는 스토리를 만드는 것이다. 대개 스토리에 적합한 이미지를 찾아 한 컷, 한 컷씩 구성하여 완성한다. 예를 들어 15초 내외의 영상을 만든다고 하면 대개 8개의 장면으로 구성한다. 각 장면과 최대한 비슷한 이미지를 활용하여 자세한 설명을 함께 적는다. 광고주가 이해하기 힘든 독특한 기법이나 콘셉트라면 유사한 동영상이나 음성을 첨부하기도 한다.

실무진 미팅 때는 파워포인트로 만든 자료를 같이 보면서 이야기를 나누는 것이 일반적이다. 큰 규모의 프로젝트에서 대표님에게 보고를 하거나, 여러 회사가 경쟁을 해서 프로젝트를 따내야 하는 경쟁 PT의 경우에는 작화 작업이 반드시 들어간다. 위에서 말한 8개의 장면을 비슷한 이미지로 대체하는 것이 아니라 그림으로 그리는 것이다. 쉽게 생각해서 8개의 장면으로 구성된 만화나 웹툰을 만든다고 보면 된다.

마케팅 업계가 경쟁이 치열해지고, 영상 편집이 쉬워지면서 콘티를 작화가 아닌 영상으로 제작하는 경우도 점점 늘어나고 있다. 작

XII 영어권 국가에서는 콘티라는 말은 쓰지 않고 스토리보드(Storyboard)라고 부른다.

그림 2-11 영상 광고 콘티

년에 참여했던 경쟁 PT에서 우리 회사를 제외한 모든 회사가 영상을 제작해 왔다는 이야기를 듣고 당황했던 기억이 난다. '콘티 제작 = 가이드 영상 제작'이 될 날도 멀지 않은 것 같다.

촬영

콘티가 완성되고 확정되면 촬영을 준비해야 한다. 회사 내에 영상제작팀이 따로 있지 않으면 대개 영상을 전문적으로 제작하는 덕션[XIII]과 협업을 하게 된다. 뉴진스와의 협업으로 더욱 유명해진 신우석 대표의 돌고래 유괴단이 대표적인 덕션이다.

XIII 프로덕션(Production)의 줄임말로 실무에서는 주로 '덕션'이라고 부른다.

촬영 준비 단계에서 챙겨야 할 것은 너무나도 많다. 한 가지라도 잊으면 자칫 대형 사고로 이어질 수 있다. 이를 방지하기 위해 모든 것을 잘 준비했는지를 광고주와 함께 최종적으로 확인하는 미팅을 갖게 되는데 이를 PPM^{Pre-Production Meeting}[XIV]이라고 부른다. 회사마다 다를 수는 있지만 우리 회사 기준으로 PPM에는 다음의 자료가 꼭 들어간다. '콘티', '스태프 리스트', '모델 리스트', '촬영 장소', '타임 테이블', '모델 의상', '기타 촬영 준비물', '견적'이다. 이때 광고주가 확정하지 않은 사항이 있다면 반드시 이날에 확정 지어야 한다.

유명 연예인을 모델로 기용했다면 PPM 전에 확인해야 할 사항이 더욱 많아진다. 콘티를 모델 소속사와 사전에 공유하고 문제가 없는지 확인하는 것은 기본이다. 유명 연예인의 경우 다양한 카테고리의 광고 모델을 하기에 제약 사항이 많다. 운동복은 나이키만 입어야 한다거나, 아이폰을 절대 들 수 없는 것과 같은 제약이 대표적이다. 남성적인 이미지를 고수해야 하는 배우는 귀여운 느낌의 동작이나 연기도 거절할 수 있다. 몇몇 연예인의 경우 음식도 매우 까다롭게 요구하고, 대기실도 원하는 형태로 반드시 준비해 달라고 요청하기도 한다. 때로는 영화나 드라마 촬영을 위해 모델이 삭발을 하거나 파격적인 헤어 스타일로 나타나는 경우도 있다. 사전에 이러한 점들을 반드시 확인해야 한다.

이외에도 광고주와 주요 출연진을 위한 주차장 확보, 광고주로

XIV 제작 전 사전 미팅.

부터 받을 소품과 새로 구매해야 할 소품 구분 등 세부적으로 챙겨야 할 게 상당히 많다. 체크리스트를 만들어 두어야만 혹시나 발생할 수 있는 실수를 최소화할 수 있다. 수많은 촬영을 하면서 겪은 시행착오를 바탕으로 멤버들과 함께 만든 촬영 당일 체크리스트가 있다.

· 영상 촬영 체크리스트 ·

❶ 주요 위치 숙지
- 장면별 촬영 위치, 광고주가 촬영 장면을 실시간으로 볼 수 있는 '모니터' 설치 위치, 모델 대기실, 화장실, 주차장, 식당 혹은 식사 위치 등

❷ 제품 확인
- 촬영에 사용될 브랜드 제품 수량 및 부각되어야 하는 앵글 확인
- 촬영 종료 후 브랜드 물품 수거 및 수량 확인

❸ 스타일리스트와 장면별 헤어 및 의상 확인(촬영 시작 전 클라이언트에 확인 필요)
- 촬영 의상은 사전에 사진으로 확인하고 현장에서 시안과 다르지 않은지 재확인
- 모델 의상이 캠페인 온에어 시점의 계절에 적합한지 확인
- 의상이 카메라에 어떻게 보이는지 확인. 주변 소품과 어울리지 않거나 너무 튀어서 제품이 잘 보이지 않는지 확인. 체크무늬는 영상에서 파도가 일렁이듯 보여서 주의해야 함
- 촬영 의상이 브랜드 컬러와 적합한지 확인. 카카오 광고를 촬영할 때 네이버의 주요 색상인 녹색 의상을 준비하면 안 되는 것과 같음
- 촬영 모델의 헤어 및 의상이 흐트러졌는지를 체크하고 스타일리스트에게 수정 요청

❹ 광고주가 도착하면 주요 장소 안내 및 타임 테이블 자료 전달

❺ 캠페인 온에어 전에 촬영 내용이 유출되지 않도록 주의해 줄 것을 현장에 있는 모든 사람에게 안내. 유명 연예인의 경우 초상권이 침해되지 않도록 허락되지 않은 모든 촬영 금지 안내

❻ 촬영 장면을 스마트폰으로 주기적으로 촬영하여 광고주에게 전달 및 기록용으로 보관

❼ 캠페인 기획 시 협의가 이뤄진 주요 장면이 잘 촬영되고 있는지 확인

❽ 촬영 중간중간 광고주에게 촬영에 대한 피드백을 체크하고 감독에게 전달해 조율

❾ 촬영 시간이 짧아지거나 길어지는 경우 광고주 및 스태프와 협의하여 타임 테이블 수정. 주로 식사 시간 및 휴식 시간을 재조정.

· 지면(사진) 촬영 체크리스트 ·

❶ 가로형 사진과 세로형 사진이 각각 어느 정도 필요한지 확인

❷ 의류 및 기타 소품의 타 브랜드 로고가 노출되지 않는지 확인하고 노출 시 삭제 요청

❸ 리터칭^{Retouching XV}이 몇 장까지 필요한지 체크하고 포토 실장에게 전달

❹ 일정 때문에 급하게 리터칭이 필요한 컷^{XVI}이 있다면 현장에서 리터칭 진행

❺ 웹하드에 이미지 올릴 시 컷 유형별로 폴더 구분하여 올려 달라고 요청할 것

❻ 컷별로 대개 1~4장을 선정하여 리터칭 진행

XV 실제 광고에 사용할 사진을 만들기 위한 포토샵 작업을 의미한다.

XVI 지면 촬영에서 '컷'은 사진을 한 번 찍는 것을 의미하는 것이 아니라, 촬영 세팅을 동일하게 두고 찍는 컷을 의미한다. 예를 들어 모델이 동일한 헤어와 의상으로 동일 배경에서 수백 장 촬영을 하더라도 '한 컷'이다. 이 중에서 광고에 사용하기 위해 리터칭을 하는 사진은 대개 1~4장 정도다.

촬영장은 매우 덥고 춥다. 여름에는 손풍기를, 겨울에는 핫팩과 가장 두꺼운 패딩을 반드시 챙겨야 한다. 여름이라도 실외 촬영이라면 밤에는 생각보다 춥고, 겨울은 상상을 초월할 정도로 춥다. 이 점을 명심하지 않으면 촬영하고 나서 1주일간 앓아누울 수 있다. 경험자로서 하는 말이다. 편한 신발은 기본 중의 기본이다. 촬영장에 멋 부리고 오는 사람은 주연 배우와 신입사원 그리고 잠깐 들렀다 갈 사람뿐이다.

편집 및 시사

촬영을 끝냈다면 편집을 해야 한다. 덕션에서는 콘티에 맞추어 대략적인 가편집본을 만들어서 보내 준다. 이를 광고주와 협의하여 무엇을 더하고, 덜어내고, 바꿀지를 결정한다. 프로젝트와 회사마다 다르기는 하지만 가편집본은 대개 실무자 선에서 협의한다.

후시 녹음도 이 단계에서 이루어진다. 후시 녹음은 녹음실에서 편집된 영상을 보며 대사와 내레이션, 음향효과, 배경음악 등을 녹음하는 것을 의미한다. 예외적인 경우를 제외하고는 대부분 단 한 번의 후시 녹음을 진행하기에 광고주가 반드시 참석해야 한다. 영상에 걸맞은 음성이 녹음되었는지를 그 자리에서 광고주에게 확인을 받고 마무리를 해야 한다. 촬영장에서 배우의 목소리를 녹음했더라도(동시 녹음) 잡음이 들어갔거나 발음이 불분명한 경우가 대부분이므로 대사도 꼼꼼하게 재녹음해야 한다.

가편집본에 대한 피드백 및 후시 녹음이 반영된 2차 편집본이 나오면 대표를 비롯한 임원진에게 공개한다. 이를 '시사'라고 한다. 가장 떨리는 순간이다. 대개는 2차 편집본이 그대로 완성본이 된다. 물론, 임원진이 별말이 없으면 말이다. 하지만, 가끔 모든 것을 갈아엎어야 할 때도 있다. 최악의 경우에는 재촬영을 할 수도 있다. 직접 경험한 것은 아니지만, 지인이 이러한 최악의 상황을 경험했다고 한다. 콘티 그대로 잘 만들어도 이러한 경우가 아주 가끔 있다.

우리가 매일 보는 광고는 이렇게 완성이 된다. 물론 하루 만에 뚝딱 만든 영상으로 광고를 하는 경우도 있다. 비싼 돈과 많은 시간을 들인다고 광고가 늘 성공하는 것은 아니다. 장수돌침대처럼 수억 원을 써서 오랜 시간 공들여 만든 광고는 망하고, 대표가 직접 출연하여 수백만 원으로 뚝딱 만든 광고가 히트하는 경우도 종종 있으니 말이다.

장수돌침대
'별이 다섯개'
광고

하지만 기초가 중요하다는 것을 잊으면 안 된다. 홍성태 교수는 《브랜드로 남는다는 것》[6]의 북토크에서 다음과 같이 말했다. '필름카메라를 잘 찍는 사람은 디지털카메라로도 잘 찍습니다. 심지어 스마트폰으로도요. 하지만 반대는 잘 성립하지 않죠.' 광고 제작도 이처럼 기본기를 잘 닦는 것이 무엇보다 중요하다. 박찬욱 감독이 아이폰13 프로로 〈일장춘몽〉이라는 단편 영화를, 돌고래유괴단의 신우석 대표가 아이폰14 프로로 뉴진스의 〈ETA〉 뮤직비디오를 멋지게 만든 것만 봐도 잘 알 수 있지 않은가?

기술이 발전해서 앞으로 어떠한 형식과 형태로 광고를 제작하게 될지는 모르겠지만, 기본기는 변치 않을 것이다. 기본기를 잘 닦아 둔 사람은 그 어떤 변화에도 잘 적응할 것이라 믿는다.

고객에게 다가가는 여정:
브랜딩과 퍼포먼스 마케팅

브랜딩이라는 개념은 참 오묘하다. 누군가는 브랜딩이라는 그릇에 마케팅을 올려두고, 다른 누군가는 마케팅이라는 항아리에 브랜딩을 집어넣는다. 또 다른 누군가는 물과 기름처럼 브랜딩과 마케팅은 절대 섞일 수도 없고, 섞여서도 안 된다고 말한다. 이에 대해 말하자면 한도 끝도 없다. 여기서는 실무에서 주로 사용하는 브랜딩의 의미로 좁혀서 말해 보고자 한다.

마케팅을 할 때는 고객에게 상품과 서비스를 알리고 호감을 불러일으키는 일명 소비자의 '마음'에 닿는 업무를 브랜딩으로 본다. 이와 다르게 '검색, 구매, 입소문 내기'와 같이 고객의 몸을 움직이게 만드는 것을 퍼포먼스 마케팅이라 부른다. 다시 말해서 고객의 마음과 몸에 영향을 미치는 것이 각각 브랜딩과 퍼포먼스 마케팅이다.

브랜딩

어원을 살펴보면 뜻이 명확해지는 경우가 있다. 브랜딩이 그렇다. 브랜드^{Brand}는 '태우다^{to burn}'라는 의미의 고대 노르드어 'Brandr'에서 비롯되었다. 과거에 목장주는 소나 말과 같은 가축에 '민지네', '하니네'와 같이 각자의 낙인을 찍어 소유주를 표시했는데 이 낙인을 브랜드라고 부른다. 브랜드를 찍는 행위는 브랜딩이 된다. 브랜딩을 한다는 것은 결국 고객의 마음에 브랜드가 원하는 바를 낙인 찍는 행위와 비슷하다. 결정적으로 다른 점이 있다면 가축의 낙인과는 다르게 브랜딩은 고객 관점에서 결정된다는 것이다. 브랜드가 아무리 특정한 메시지를 전달하려 해도 고객이 전혀 다르게 생각하고 기억한다면 어쩔 수 없다. 기업이 아닌 고객이 스스로 최종 낙인을 찍기 때문이다.

그림 2-12 Freeze Branding 기법으로 낙인을 찍은 말

브랜딩은 크게 두 단계로 나눌 수 있다. 그것은 브랜드 알리기와 브랜드의 이미지를 심어 주기다. 이 두 단계를 한 번에 보여 주는 대표적인 광고가 있는데, 바로 EXID의 하니가 모델로 나왔던 야놀자 광고다.

광고는 처음부터 끝까지 '초특가 야놀자'가 반복되는 구조다. 하니가 두 명의 댄서와 함께 춤을 추며 '초특가 야놀자'라는 가사를 반복해서 부른다. 즉, '야놀자'라는 브랜드를 알리고, '야놀자는 초특가'라는 이미지를 심어 주는 것이다. 광고에 대한 강한 호불호는 있었지만, 몇 번만 봐도 '야놀자'라는 브랜드와 '초특가'라는 이미지는 머릿속에 각인된다. 멋스럽거나 세련되지는 않지만, 브랜드가 추구하는 이미지와 고객이 기억하는 이미지가 동일하다는 점에서는 성공적인 브랜딩[XVII]이라 볼 수 있을 것 같다.

'초특가'를 강조한 야놀자 광고

이러한 브랜딩을 대충 하고 넘어가면 문제가 발생한다. 대표적인 것이 배너 블라인드니스Banner Blindness 현상이다. 말 그대로 배너가 앞에 있는데 보지 못하는 것이다. 익숙하거나 호감 있는 브랜드의 광고는 눈에 잘 들어온다. 하지만 듣도 보도 못한 브랜드의 광고는 눈에 잘 들어오지 않는다. 퍼포먼스 마케팅을 계속하는데 고객이 광고 클릭이나 상품 구매와 같은 행동을 잘 하지 않는다면 브랜딩에 문제가 있는 것은 아닌지 잘 살펴봐야 한다. 다시 말해 퍼포먼스 마

XVII 기업이 추구하는 이미지(Brand Identity)와 고객이 생각하는 이미지(Brand Image)의 간극을 긍정적으로 좁히는 활동을 브랜딩이라고 나름대로 정의했다. 데이비드 아커의 이론을 참조했다.

케팅을 하기 전에 브랜딩을 잘 다져 놓아야 하는 것이다.

또한 브랜딩을 하지 않는다면 자연 발생적인 판매가 잘 일어나지 않는다. 브랜딩이 잘 되어 있는 삼다수의 경우 고객이 온라인에서 삼다수를 직접 검색해서 구매한다. 마트에 가서도 다른 생수가 아닌 삼다수를 고른다. 이것이 브랜딩의 결과다. 이와 다르게 브랜딩이 되어 있지 않은 대다수의 브랜드는 '생수'를 검색하는 고객에게 노출되기 위해 끊임없이 광고비를 써야만 한다. 즉, 끝없는 가격 경쟁이라는 악순환에 빠지게 된다.

목이 마를 때 물이 마시고 싶다면 '니즈'고, 삼다수를 마시고 싶다면 '원츠'다.[XVIII] 브랜딩이라는 것은 어쩌면 니즈에서 원츠로 도약하는 활동이라고도 볼 수 있다. 성공적인 브랜딩을 통해 고객의 '원츠'가 된다면 뒤에서 말할 퍼포먼스 마케팅에서 좋은 효율을 거둘 뿐만 아니라 충성 고객의 자발적인 구매도 이끌어 낼 수 있다.

그러면 브랜딩은 어떻게 측정할 수 있을까? 마케팅 강의를 할 때 종종 듣는 질문이기도 하다. 고객의 마음을 열어 볼 수는 없는 노릇이니 브랜딩의 성과를 직접적으로는 측정할 수는 없다. 결국 그 효과는 간접적으로 측정할 수밖에 없다. 대표적인 것이 고객 설문 조사다. 대표적인 조사 항목으로 '최초 상기Top of Mind', '비보조 인지Unaided Awareness', '보조 인지Aided Awareness'가 있다. 치킨 브랜드를 통해 한번 알아보자.

XVIII 고객이 원한다는 것을 필립 코틀러는 '니즈(needs)', '원츠(wants)', '디맨즈(demands)'로 세분화했다. 니즈는 '물을 마시고 싶다'와 같은 생존을 위한 기본적인 욕구다. 원츠는 '삼다수를 마시고 싶다'와 같이 문화나 개인적인 취향에 따라 니즈가 구체화된 것이다. 디맨즈는 '삼다수를 샀다'와 같이 경제력을 바탕으로 원츠를 실현시킨 것이다.

'치킨 브랜드 중에 가장 먼저 무엇이 떠오르나요?'라고 강의에서 질문을 하자 가장 많이 나온 답은 교촌치킨이었다. 교촌치킨은 '최초 상기도'가 가장 높은 브랜드라고 볼 수 있다. 그리고 '그 밖에 떠오르는 치킨 브랜드는 무엇이 있나요?'라는 질문에는 BBQ, BHC, 페리카나, 굽네치킨 등이 언급되곤 했다. 이 브랜드들은 최초 상기도는 낮지만, 비보조 인지도는 매우 높은 편이다. 마지막으로 '노랑통닭이나 호식이두마리치킨도 알죠?'라는 질문에 대부분 그렇다고 답한다. 그렇다면 두 브랜드는 최초 상기도와 비보조 인지도는 낮지만, 보조 인지도는 높은 것이다. 정리해 보면 최초 상기는 '가장 먼저 떠오르는 브랜드', 비보조 인지는 '최초 상기 이후에 떠올릴 수 있는 브랜드', 그리고 보조 인지는 '브랜드를 언급했을 때 알고 있다고 답하는 브랜드'다.

대기업에서는 일반적으로 이러한 고객 설문조사를 주기적으로 진행한다. 연도별 혹은 분기별로 결과치를 비교해 가며 브랜딩 캠페인의 성과를 측정하고 브랜드 자산의 건전성을 확인하는 것이다. 신규 브랜드라면 보조 인지도를 높이는 게 목표일 수 있고 업계에서 1, 2위를 다투는 브랜드라면 최초 상기도 1위를 목표로 할 것이다. 브랜드와 캠페인에 따라 주로 보는 지표가 다를 수 있다. 마케터는 이에 따라 브랜딩 목표를 정하게 된다.

퍼포먼스 마케팅

퍼포먼스라는 단어는 사람과 기계를 가리지 않고 두루 사용하는 용어다. 자동차를 두고 퍼포먼스가 좋다고 하면 '성능이 좋다'라는 뜻이고, 사람을 두고 말하면 '능력' 혹은 '성과'가 좋다는 말이다. 이를 한데 묶어서 생각해 보면 퍼포먼스가 좋다는 말은 '목표한 바를 잘 이루는 것'이다. 퍼포먼스 마케팅도 마찬가지다.

퍼포먼스 마케팅은 성과 측정이 가능한 목표를 이루기 위한 정량적 마케팅이다. 여기서 중요한 말은 '성과 측정이 가능한'이다. 브랜딩은 정확한 성과 측정이 불가능하기에 설문조사라는 정성 조사를 진행한다. 퍼포먼스 마케팅은 이와 달리 데이터에 기반하기에 숫자로 확인할 수 있는 정량 조사가 가능하다. 고객이 '광고를 얼마나 많이 보았는지(조회 수, 조회율)', '광고를 얼마나 많이 클릭했는지(클릭 수, 클릭률)', '광고를 통해 얼마나 많이 구매했는지(전환 수, 전환율)'를 모두 측정할 수 있다. 온라인상에 고객의 데이터가 남고 마케터는 그것을 볼 수 있기 때문이다.

퍼포먼스 마케팅은 정량적 마케팅이기 때문에 숫자 감각이 매우 중요하다. 여기서 말하는 숫자 감각은 단순히 덧셈, 뺄셈, 곱셈, 나눗셈을 잘해야 한다는 말이 아니다. 숫자를 보고 이야기를 그릴 수 있는 감각을 말한다. 이야기를 듣고 숫자로 그릴 수 있는 감각이기도 하다. 예를 들어 고객이 광고를 많이 보고 클릭까지 하는데 구매로 이어지지 않는 상황을 가정해 보자. 이럴 때는 웹사이트에 문제가 있거나, 상세 페이지가 매력적이지 않거나, 가격이 적당하지 않을 수 있음을 바로 떠올릴 수 있어야 한다. 반대로 광고는 잘 클릭하지 않는데 클릭한 고객의 구매 전환율이 높으면 광고 소재를 개선해야 한다. 엑셀 시트에 있는 숫자만 보고도 이렇게 머릿속에 문제점과 개선 사항을 바로 떠올릴 수 있어야 한다.

한 가지 주의할 점이 있다면 숫자에만 매몰되면 안 된다는 점이다. 과거 C 브랜드를 컨설팅할 때였다. 퍼포먼스 마케팅 보고서를 살펴보았는데, 이상한 숫자를 보았다. 광고비에 대한 매출 비율을 뜻하는 ROAS^Return On Ad Spend[XIX]가 비정상적으로 높은 광고가 있었다. ROAS가 높으면 일반적으로는 좋은 일이다. 광고비를 적게 썼는데 매출이 많이 나오는 것이니 마케터로서 뿌듯할 만하다. 당시 담당자도 이에 대해 묻자 자랑스럽게 이야기했다. 나의 숫자 감각은 다른 이야기를 했다. 혹시 광고를 보지 않았어도 구매하려 했던 고객에게 억지로 광고를 보여 주는 것 아닐까? 몇 차례의 미팅 후에 나의 숫자 감각이 맞았다는 것을 알게 되었다. 정기 구매를 하는 고객에게 불필요하게 노출되는 광고였다.

다시 한번 말하지만, 퍼포먼스 마케팅의 핵심은 숫자 감각이다. 숫자 감각을 기르기 위해서는 일단 숫자를 볼 줄 알아야 한다. 마케팅 용어로 표시된 숫자를 말이다. 일단 반드시 알아야 하는 용어와 개념만 알아 두자. 퍼포먼스 마케팅에서 기준이 되는 개념은 노출^Impression과 가격^Price이다.

대부분의 퍼포먼스 마케팅 용어는 노출을 기반으로 한다. 노출과 도달^Reach을 혼동해서는 안 된다. 여러분에게 3번 광고가 노출되었다면 노출 3회, 도달 1회. 다시 말해 노출은 광고 기준이고, 도달은 사람 기준이다. 조회율^View Through Rate, VTR, 클릭률^Click Through Rate

---

XIX 로아스라고 읽고 ROAS라고 적는다.

CTR, 전환율Conversion Rate, CVR은 모두 노출이 기준이다. 예를 들어 100회 노출했는데 10번 영상을 끝까지 보았다면 VTR 10%(10/100), 5번 클릭했으면 CTR 5%(5/100), 1번 구매가 일어나면 CVR 1%(1/100)다. 이 숫자들은 일반적으로 높을수록 좋다. 고객이 그만큼 높은 확률로 광고를 보고, 클릭하고, 구매한다는 이야기이니 말이다. 현업에서는 주로 영어 약어를 쓰기 때문에 지금부터 영어 약어로 외워 두자.

가격 기준의 용어로는 조회당 비용Cost Per View, CPV, 클릭당 비용Cost Per View, CPC, 전환당 비용Cost Per Action, CPA이 있다. 이것도 간단하다. 광고비 10,000원을 썼는데 조회가 100번 일어났다면 CPV 100원(10,000/100), 클릭이 50번 일어났다면 CPC 200원(10,000/50), 구매가 1회 일어났다면 CPA 만 원(10,000/1)이다. 이 숫자들은 낮을수록 좋다. 광고비를 적게 쓰고도 많은 효과를 보았다는 뜻이니 말이다.

이 정도만 알아도 여러분은 퍼포먼스 마케팅의 숫자를 볼 기본적인 준비가 된 것이다. 여기서 호기심이 많은 사람이라면 조회가 무엇인지 질문할 수 있겠다. 간단히 말하면 '본다'라는 의미다. 그런데 보는 것을 어떻게 알 수 있을까? 매체마다 기준이 있다. 유튜브의 경우 30초 영상까지는 스킵skip하지 않고 끝까지 봐야 조회로 친다. 30초 이상의 영상은 끝까지 보지 않고 30초까지만 보더라도 조회로 친다. 3초 이상만 보더라도 조회로 치는 매체도 있어서 VTR과 CPV는 매체별로 다르게 보아야 한다. 다시 말해 VTR이 높고 CPV가 낮다고 무조건 좋은 매체가 아니라는 것이다.

스킵할 수 없는 광고도 있다. 유튜브의 범퍼애드가 대표적이다. 스킵할 수 없는 광고는 '노출 = 조회'로 본다. VTR이 100%인 것이다.^{XX} 이런 광고는 CPV라는 용어도 쓰지 않는다. 대신 1천 번 노출했을 때의 비용을 의미하는 CPM^{Cost Per Mille}^{XXI}이라는 용어를 쓴다.

퍼포먼스 마케팅과 관련된 대부분의 자료는 이러한 지식 없이 보면 '헉 소리'가 나온다. 흰 것은 화면이요, 검은 것은 글씨라는 말밖에 못 한다. 위에서 말한 기초 지식만 있다면 퍼포먼스 마케팅을 시작하기 훨씬 수월할 것이다. 지름길은 없다. 가능한 많은 리포트를 보면서 숫자 속에 숨은 고객의 진심을 유추할 수밖에 없다. 퍼포먼스 마케팅에서도 반복과 관심만이 살길이다(퍼포먼스 마케팅을 조금 더 깊게 공부하고 싶다면 '아이보스^{www.i-boss.co.kr}'라는 사이트를 참고하면 큰 도움이 된다).

지금까지 말한 브랜딩과 퍼포먼스 마케팅을 한번 정리해 보자. 일본의 광고대행사 덴츠에서 만든 AISAS 모델을 참고하면 좋다. AISAS는 인터넷에서의 고객 구매 여정을 간략하게 그린 모델이다. 브랜드를 인지하는 단계인 주의^{Attention}, 인지한 브랜드에 관심이 생기는 단계인 관심^{Interest}, 관심이 생긴 브랜드의 정보를 인터넷에서 찾아보는 단계인 검색^{Search}, 꼼꼼하게 검색하고 나서 브랜드를 경험(구매, 구독 등)하는 단계인 행동^{Action}, 경험 이후 만족했다면 주위 사람들에게 알리는 단계인 공유^{Share}. 이렇게 5단계로 이루어진다.

XX 실제로는 유저가 앱이나 컴퓨터 화면을 중간에 꺼 버리는 경우도 있어 VTR이 100%는 아니다. 경험적으로 80~90% 선이다.

XXI 천 번 노출할 때의 가격. Mille은 라틴어로 1,000을 의미한다.

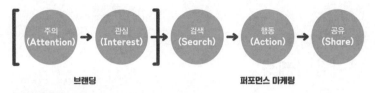

주의
(Attention) → 관심
(Interest) → 검색
(Search) → 행동
(Action) → 공유
(Share)

브랜딩　　　　　　　　　　퍼포먼스 마케팅

그림 2-13 AISAS 모델

　여기서 브랜드를 인지시키고 관심을 갖게 만드는 주의와 관심 단계를 브랜딩이라 부른다. 예전에는 TV나 라디오 광고였고, 최근에는 유튜브 광고가 주로 활용된다. 이어지는 검색, 행동, 공유 단계는 퍼포먼스 마케팅이 담당한다. 네이버나 카카오톡에서 자주 볼 수 있는 배너 광고나 페이스북 인스타그램에서 보는 이미지 광고가 대표적인 퍼포먼스 마케팅 광고다. 이렇게 고객의 구매 여정에 브랜딩과 퍼포먼스 마케팅이 함께한다. 고객의 마음과 몸에 닿기를 간절히 바라면서 말이다.

입소문이 광고가 되는 순간:
바이럴 마케팅

최고의 마케팅은 뭐니 뭐니 해도 고객이 하는 마케팅이다. 회사가 자사의 제품이 좋다고 백날 떠들어도, 고객의 한마디보다 못하다. 친구가 실제로 사용하고 추천하는 제품은 그 어떤 마케팅보다 강력하다. 친구가 아니어도 상관없다. 물티슈 하나를 사더라도 고객 후기가 많고 평점이 높은 곳에서 사기 마련이다. 실제로 경험해 본 고객의 말만큼 인상적이고 신뢰 가는 메시지는 없기 때문이다[XXII].

　모든 기업은 이처럼 고객이 자사의 제품과 서비스를 자발적으로 입소문 내 주었으면 한다. 슬픈 사실은 고객은 그렇게 쉽사리 입소문을 내 주지 않는다는 점이다. 좋은 제품과 서비스만 만들면 고객들이 알아서 구매하고 알려 줄 거라고 믿는 분들이 있는데, 그건

XXII 《설득의 심리학》의 저자 로버트 치알디니에 따르면 고객 후기 평점이 4.3~4.7 사이일 때 구매 전환율이 가장 높다고 한다. 경험적으로 우리나라는 로버트 치알디니가 말한 수치보다 높은 4.8 전후일 때 구매 전환율이 높은 것 같다.

신화 속에 나오는 용에 가깝다. 그런 일은 일어나지 않는다고 생각하는 게 여러모로 낫다. 고객이 입소문을 낼 수 있도록 직간접적으로 개입해야만 한다. 이를 입소문 마케팅Word of Mouth Marketing^{XXIII}이라 부른다.

현대카드에서 멤버십 회원들만 독점적으로 혹은 할인받아 이용할 수 있는 현대카드 라이브러리를 만들고 슈퍼 콘서트를 진행하는 이유가 무엇이겠는가? 그것도 아주 비싼 돈을 들여서 하고 있다. 바로, 입소문 마케팅을 하는 것이다. 토스에서 친구에게 토스를 추천하면 각종 리워드를 제공하는 것은 조금 더 직접적인 입소문 마케팅이다. 기업이 하고 싶은 말을 어떻게든 고객이 하도록 만드는 것이다. 식당에서 음식 사진을 찍어서 가게 이름과 함께 인스타그램에 올리면 음료수를 주는 것도 입소문 마케팅을 노리는 것이다 (안타깝지만 이 경우에는 대부분의 고객은 음료수 서비스를 받자마자 게시물을 지워 버린다.)

이러한 입소문이 기하급수적으로 퍼지면 바이럴 마케팅viral marketing^{XXIV}이 된다. 입소문 마케팅과 바이럴 마케팅이 엄밀히 다르다고 말하는 사람도 있지만 현업에서는 구분 없이 쓰는 편이다.

현업에서는 주로 인스타그램, 블로그, 유튜브를 위주로 바이럴 마케팅을 진행한다. 쉽게 말해 각 채널에 있는 인플루언서에게 제품과 서비스를 협찬하여 홍보하는 것이다. 인스타그램에서 선남선

XXIII 입소문 마케팅은 영어 단어를 줄여서 WOM 마케팅이라고도 부른다.
XXIV 코로나19 팬데믹 때 엄청난 속도로 바이러스가 퍼졌듯 마케팅 메시지가 바이러스처럼 퍼진다고 해서(혹은 퍼지기를 바라서) 바이럴 마케팅이라는 이름으로 불린다.

녀가 화장품을 얼굴 옆에 들고 있는 사진에 해시태그 '#광고'가 달린 게시물이 바이럴 마케팅의 결과다. 네이버에서 주름 개선 화장품을 검색했을 때 최상단에 뜨는 블로그 글도 대부분 바이럴 마케팅이다. 어떻게 아냐고? 게시물의 가장 밑을 보면 '무상 제공', '협찬'이라는 단어가 보일 것이다.

유튜브에서도 바이럴 마케팅을 진행하는데 인스타그램이나 블로그와는 다르게 비용이 상당히 많이 든다. 몇만 원에 진행할 수 있는 유튜버도 있지만, 구독자 수가 10만 명만 넘어도 가격이 누리호가 발사되듯 솟구친다. 많게는 한 편당 1억 원 가까이 요구하기도 한다. 그만큼 효과도 강력하다. 단순히 제품을 노출하는 PPL$^{Product Placement}$도 있지만, 처음부터 끝까지 제품을 자세하게 소개하는 '브랜디드 콘텐츠$^{Branded Content}$'도 있다. 예를 들어 MBC 〈라디오스타〉와 같은 프로그램에서 출연자 앞에 단순히 코카콜라를 두고 촬영을 진행하는 것은 PPL이고, 코카콜라를 주제로 이야기를 하거나 코카콜라 빨리 마시기와 같이 제품을 활용한 콘텐츠를 만들면 브랜디드 콘텐츠에 가깝다고 말할 수 있다. 당연한 말일 수 있지만 브랜디드 콘텐츠가 단순 PPL보다 비싸다.

광고와 마찬가지로 바이럴 마케팅도 타깃을 고려해야 한다. 예를 들어 70대 이상 고객에게 성인용 기저귀를 광고하는데 인스타그램 위주로 바이럴 마케팅을 해서는 안 된다는 말이다(물론 자녀가 보고 구매할 수는 있지만). 우리나라 사람들은 대부분 구매 전에 네이버에서 검색을 하기 때문에 네이버 블로그 바이럴 마케팅은 필수적으로 하는 편이다.

바이럴 마케팅은 크게 네 단계로 진행된다. 협찬하고자 하는 인플루언서 리스트를 정리하고 실제로 연락을 진행하는 '섭외'. 제품과 서비스의 특장점을 기초로 하는 가이드 원고를 제작하고 인플루언서에게 전달하는 '가이드 제작 및 전달'. 가이드 원고를 기반으로 인플루언서가 작성한 원고를 수정하고 최종 원고를 확정하여 게시하는 '인플루언서 원고 제작 및 업로드', 바이럴 마케팅의 결과를 정리하여 광고주에게 전달하는 '결과 리포트 작성 및 전달'이 있다. 그리 어렵지 않은 내용이니 가벼운 마음으로 알아보자.

섭외

여러분이 직접 인스타그램에서 인플루언서를 섭외한다고 생각해보자. 무엇을 기준으로 섭외할 것인가? 막연하게는 '팔로워 수'가 많은 인플루언서를 떠올릴 수 있다. 많은 광고주가 요청하는 바이기도 하다. 다만 이 기준은 생각보다 많은 문제가 있다. 일단 팔로워 수가 많을수록 섭외비는 높아진다. 비용 대비 효과가 떨어질 수 있다는 말이다. 또한 팔로워 수는 쉽게 조작할 수 있다. 돈을 주고 팔로워를 사는 사람이 많다는 것은 이제 공공연한 비밀이 되었다. 마지막으로 팔로워가 많음에도 불구하고 전혀 효과가 없을 수도 있다. 팔로워가 대부분 남성인 미녀 인플루언서에게 색조 화장품을 협찬할 경우 그 효과는 극히 미미할 것이다.

그렇다면 무엇을 기준으로 섭외해야 할까? 크게 세 가지를 고려할 필요가 있다. '연관성', '영향력', '진정성'이다.

연관성은 말 그대로 상품과의 연관성이다. 서핑용품이면 서핑을 하는 인플루언서를 섭외하는 것이다. 물론 서핑을 하지 않는 인플루언서가 서핑을 하는 연인에게 선물한다는 콘셉트를 잡을 수도 있지만, 연관성이 높은 인플루언서를 선정하는 것이 여러모로 낫다. 다시 말해 인플루언서가 주로 올리는 콘텐츠와 상품의 연관성이 높을수록 좋다. 인플루언서를 팔로우하는 사람들이 해당 분야에 관심이 높을 테니 말이다. 인플루언서가 해당 분야 전문가라면 더욱 좋다. IT 전문 유튜버 잇섭에게 스마트폰을 협찬하는 것이 공식이 되었듯 말이다.

'영향력'은 얼마나 충성도 높은 팔로워를 보유하고 있는지를 보는 것이다. 다양한 방법이 있겠지만 '총 팔로워 수' 대비 '좋아요, 댓글, 게시물 저장, 공유' 등을 모두 합한 '총 참여 수'가 얼마나 많은지를 나타내는 게시물 참여율[xxv]을 참고하는 것이 기본이다. 예를 들어 '총 팔로워 수'가 1,000명인 인플루언서가 있다고 생각해 보자. 그가 올린 게시물에 좋아요가 80개, 댓글이 10개, 공유가 10개라면 '총 참여 수'는 80+10+10=100이다. 이를 바탕으로 참여율을 계산해 보면 아래와 같다.

100(총 참여 수) / 10,000(총 팔로워 수) X 100 = 1%(참여율)

참여율을 계산 방법은 어렵지 않지만 너무나도 많은 시간이 든

XXV 참여율은 영어로 Engagement Rate라고 한다. 현업에서는 영어 그대로 '인게이지먼트 레이트' 혹은 '인게이지먼트'라고도 부른다.

다. 최근 들어 상당수의 인스타그램 인플루언서가 '좋아요 수 숨기기 기능'을 사용하고 있어 좋아요 수도 일일이 세어야 하기에 소요되는 시간이 기하급수적으로 늘어나고 있다. 계정 주인이 아니면 볼 수 없는 '공유 수', '저장 수' 등도 배제하고 계산해야 하기에 참여율의 정확도도 낮다는 단점이 있다. 이에 대한 보완책으로 인플루언서 통계 사이트를 참고하는 것도 방법이다. 대표적인 사이트로 다양한 채널의 인플루언서 통계를 볼 수 있는 녹스인플루언서(https://kr.noxinfluencer.com), 유튜버에 특화된 유하(https://www.youha.info), 광고주가 원하는 타깃에 가장 적합한 유튜버를 찾아 주는 블링(https://vling.net) 등이 있다.

참여율은 몇 퍼센트가 절대적으로 좋다고 말할 수 없다. 팔로워 수가 많아질수록 참여율은 떨어지는 경향이 있고 SNS마다 참여율

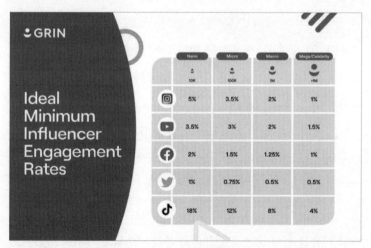

그림 2-14 '팔로워 수'와 '참여율'을 기준으로 인플루언서를 '나노', '마이크로', '매크로', 메가'로 나눈 기준표. K는 '천'을 의미하고 M은 '백만'을 의미한다.

의 차이가 크다. 동일 SNS에서 비슷한 총 팔로워 수를 보유한 인플루언서끼리 비교하는 것이 좋다.

숫자로 판단할 수 있는 정량적 데이터뿐만 아니라 수치화할 수 없는 정성적인 데이터도 살펴보면 좋다. 예를 들어 패션 인플루언서의 게시물에 '청바지 입을 때 신발은 어떻게 코디하면 좋을까요?', '소개팅룩 추천해 주세요'라는 패션 관련 댓글이 세세하게 달린다면 영향력이 크다고 볼 수 있다. 인플루언서의 의견을 신뢰한다는 증거이기 때문이다. 이처럼 댓글의 양뿐만 아니라 질까지 고루 살펴보면 인플루언서의 영향력을 제대로 파악할 수 있다.

마지막 진정성은 가장 어려운 기준이다. 따뜻한 아이스 아메리카노를 찾는 것과 비슷하기 때문이다. 인플루언서가 광고를 하지 않을수록 진정성은 높아지는데, 인플루언서는 광고를 하는 것이 기본값에 가깝다. 이효리와 같이 영향력이 있으면서 상업적 광고를 하지 않는 경우는 극히 드물다(그런 그녀도 2022년부터 다시 상업적 광고를 하기 시작했다). 협찬을 한 번도 받지 않고 광고도 하지 않는 사람이 우리의 상품만 광고해 줄 리는 만무하다. 어느 정도의 타협점을 찾아야만 하는 이유다.

모든 게시물이 협찬 게시물인 인플루언서는 배제할 필요가 있다. 전체 게시물 대비 협찬 게시물이 비교적 적은 인플루언서가 진정성 측면에서는 좋다. 협찬 진행 중에도 진정성이 훼손되지 않도록 꼼꼼히 살펴보아야 한다. 그렇지 않으면 MS(마이크로소프트)처럼 막대한 비용을 들여 오프라 윈프리를 통해 바이럴 마케팅을 했음에도 오히려 막심한 손해를 볼 수 있다.

세계에서 가장 영향력 있는 사람으로 꼽히는 방송인 오프라 윈프리는 본인의 트위터 계정에 게시물을 올렸다. MS의 태블릿인 서피스가 너무 좋아서 크리스마스 선물로 12개나 샀다고 말이다. 여기까지만 보면 성공적인 바이럴 마케팅처럼 보인다. 이 게시물을 올린 기기가 MS가 아닌 애플의 태블릿인 아이패드인 것만 빼면 말이다. 게시물 하단에 'Twitter for iPad'라는 문구가 광고처럼 대문짝만하게 적혀 있었다. 이렇게 진정성에 훼손이 가면서 MS는 기대한 효과를 전혀 거둘 수 없었고 오히려 가만히 있던 애플은 공짜로 큰 홍보 효과를 얻게 되었다. 막대한 돈으로 경쟁사를 도와준 셈이 된 것이다.

'연관성', '영향력', '진정성'을 고루 고려하여 바이럴 마케팅을 진행할 인플루언서를 정했다면 이를 엑셀과 같은 문서에 정리해 두면

그림 2-15 오프라 윈프리의 트위터 계정 이미지

좋다. 인플루언서별 특징, 비용, 실제 진행했을 때의 만족도 등을 잘 정리해 두면 추후 바이럴 마케팅을 할 때 큰 도움이 된다. 바이럴 마케팅 대행사 입장에서 이러한 자료는 회사의 가장 중요한 자산이기도 하다.

섭외 리스트를 작성했다면 광고주에게 전달하여 피드백을 받는다. 내부적으로 직접 진행하는 경우라면 의사결정권자의 피드백을 받으면 된다. 최종적으로 어떠한 인플루언서와 함께할지를 결정하는 것이다. 이렇게 인플루언서를 결정했다면 연락을 개별적으로 진행하여 계약을 체결하면 된다. 직접 진행하기 힘들다면 '레뷰'와 같은 인플루언서 마케팅 서비스를 이용하는 것도 방법이다.

가이드 제작 및 전달

인플루언서는 무에서 유를 창조하는 사람들이 아니다. 그들에게 상품만 전달하고 '알아서 해 주세요'라고 말하면 안 된다는 말이다. 기초적인 정보와 방향성을 전달해야 하는데 이를 바이럴 가이드라고 부른다. 바이럴 가이드에는 기본적으로 '제품과 서비스의 특장점 및 기본적인 정보', '콘셉트', '필수 키워드 및 해시태그', '제품과 서비스의 이미지 및 촬영 가이드라인' 등이 포함된다.

제품과 서비스의 특장점 및 기본적인 정보를 담은 자료는 대개 USP^{Unique Selling Proposition}[XXVI]라고 부른다. '왜 다른 제품이 아닌 우리 제

XXVI 단어 그대로 '고유한 판매 제안'을 의미한다.

품을 써야만 하는가?'라는 답이 적힌 자료다. 인플루언서가 쉽게 이해할 수 있도록 정리해야 한다.

콘셉트는 인플루언서가 해당 제품과 서비스를 어떻게 포장하여 보여 주는 게 좋을지를 고민하는 것이다. 수제 맥주 브랜드 크래프트브로스의 바이럴 마케팅을 했던 사례를 말해 볼까 한다.

2021년 12월부터 2022년 1월까지 크래프트브로스의 신상 맥주의 바이럴 마케팅을 진행했다. 마릴린 먼로의 얼굴이 프린팅된 맥주였다. 고객이 쉽게 인지하고 부를 수 있도록 일단 '#먼로맥주'라는 키워드를 잡았다. 그리고 콘셉트를 고민했다. 코로나19 팬데믹으로 예전과 같이 송년회나 신년회를 할 수 없는 상황이었다 보니 일반적인 콘셉트로 어필하는 것은 효과적이지 않아 보였다. 고객이 실제로 할 법한 콘셉트를 생각해야 했다. 그렇게 만든 콘셉트는 '홈술', '혼술', '홈파티'였다. 감사하게도 인플루언서분들이 성심성의껏 이러한 콘셉트를 잘 반영하여 게시물을 올려 주었다.

바이럴 마케팅을 할 때 인플루언서에게 전달할 '필수 키워드 혹은 해시태그'도 깊이 고민해야 한다. 이는 고객이 어떠한 용어를 검색할 때 우리 제품이 노출되면 좋을지를 고민하는 것이다. 의류 브랜드라면 '패션', 화장품 브랜드라면 '화장품'과 같이 카테고리명에 가까운 숏테일 키워드Short-tail keyword XXVII에서 노출되기를 모두가 바랄 것이다. 이런 키워드를 필수적으로 포함하는 것은 맞지만 이런 키워드로 노출될 확률은 극히 낮기 때문에 조금 더 전략적인 키워드

XXVII '나이키', '나이키 운동화'와 같이 상대적으로 검색량이 많고 범주가 넓은 세 단어 이하의 키워드를 말한다.

를 고민해야 한다. 패션이 아니라 '40대 남성 청바지', 화장품이 아니라 '20대 여성 여드름 화장품'과 같이 조금 더 구체적인 롱테일 키워드Long-tail keyword[XXVIII]를 고민해야 하는 것이다. 고객이 검색을 많이 하는데 기업들은 놓치고 있는 숨은 진주 같은 키워드도 찾아야 한다. 정리하자면 필수 키워드 및 해시태그는 카테고리를 대표하는 숏테일 키워드와 전략적인 롱테일 키워드를 적절히 섞어야 한다.

제품과 서비스의 이미지 및 촬영 가이드라인은 기존에 촬영한 광고 컷이 있다면 이를 인플루언서에게 전달하면 된다. 제품의 특징이 부각되는 앵글이 있다면 이런 부분도 언급을 해 주어야 한다. 예를 들어 스트레칭 기능이 뛰어난 청바지라면 기능성을 부각하는 앵글이나 움짤GIF이면 좋고, 작은 디테일이 있는 옷이라면 이 부분을 클로즈업해서 촬영해 줄 것을 요청해야 한다.

이렇게 바이럴 가이드가 완성되었다면 광고주 혹은 의사결정권자의 최종 피드백을 받아 수정하고 인플루언서에게 전달하면 된다.

인플루언서 원고 제작 및 업로드

인플루언서는 바이럴 가이드에 따라 원고를 작성하게 된다. 각자의 개성을 반영함과 동시에 상위 노출될 수 있는 각자의 노하우를 기반으로 콘텐츠를 만든다. 글의 흐름이 의아한 부분이 있더라도 상위 노출을 위한 전략일 수 있음을 참고하면 좋다.

[XXVIII] '나이키 에어포스 107 CW2288-11'과 같이 상대적으로 검색량이 적으며 범주가 협소하고 구체적인 네 단어 이상의 키워드를 말한다.

인플루언서의 원고를 받으면 그대로 광고주 혹은 의사결정권자에게 전달해서는 안 된다. 일차적으로 실무자 선에서 필수적인 부분이 제대로 반영되었는지를 체크해야 한다. 바이럴 가이드에 맞게 작성되었는지, 제품의 특장점이 잘 부각되었는지, 브랜드의 이미지를 훼손시킬 만한 부정적인 내용은 없는지 등을 꼼꼼히 살펴보아야 한다.

실무자의 1차 확인 후 광고주 혹은 의사결정권자에게 전달하여 최종 피드백을 받는다. 수정 사항이 있다면 이를 인플루언서에게 전달하여 수정 원고를 요청한다. 게시물 업로드 이후에는 수정하기 매우 어렵다. 업로드한 게시물을 수정할 경우 인플루언서의 채널 품질 지수가 떨어질 가능성이 높기에 대부분의 인플루언서는 이를 극도로 꺼린다. 그렇기 때문에 반드시 업로드 전에 수정 요청 사항을 전달하고 빠짐없이 반영되었는지를 체크해야 한다.

수정된 원고에 문제가 없으면 이를 확정 원고로 하여 인플루언서에게 업로드를 요청한다. 요청한 기간 내에 업로드가 되는지를 잘 살펴보고, 그렇지 않은 인플루언서에게는 지속적으로 연락을 취하여 업로드할 수 있도록 해야 한다.

결과 리포트 작성 및 전달

끝이 좋아야 모든 것이 좋다는 말이 있다. 바이럴 마케팅이 특히 그렇다. 바이럴 마케팅을 한다고 즉각적으로 매출이 일어나는 경우는 드물다. 광고주나 의사결정권자 입장에서는 바이럴 마케팅을 잘

했는지 못했는지를 체감하기 어렵다는 말이다. 그러므로 결과 리포트를 통해 성과를 자세히 보여 주어야 한다.

결과 리포트에서 강조해야 할 점은 딱 두 가지다. '상위 노출'과 '고객 반응'이다. '30대 남성 청바지'라는 키워드로 바이럴 마케팅을 진행했다면 해당 키워드로 인스타그램이나 네이버 등에서 검색했을 때 첫 화면에 우리 게시물이 보이는지를 알아보는 것이 '상위 노출'이다. '고객 반응'은 바이럴 마케팅을 한 게시물에 대해서 고객들이 얼마나 많은 '좋아요'와 '댓글' 등을 달았는지를 보는 것이다. 이 두 가지를 결과 리포트에서 중점적으로 다루어야 한다.

결과 리포트는 크게 '운영 요약', '매체별 운영 상세', '결론 및 제언' 순으로 구성한다. '운영 요약'은 말 그대로 진행한 바이럴 마케팅에 대한 요약장표다. 전체 예산과 기간, 바이럴 마케팅을 진행한 매체, 주요 성과 등을 강조하여 기입한다.

'매체별 운영 상세'에서는 매체별로 아주 자세하게 진행했던 사항을 기입한다. 예를 들어 인스타그램은 어떠한 인플루언서를 통해 진행했는지, 일자별로 어떠한 게시물을 업로드했는지, 고객들은 각 게시물에 대해 어떠한 반응(좋아요, 댓글 등)을 보였는지를 빠짐없이 적는다. 공통적으로 나타나는 고객의 궁금증 혹은 상품에 대한 반응(긍정적 반응, 부정적 반응 모두 포함)이 있다면 이를 인사이트로 정리한다. 특정 키워드에서 상위 노출되었거나, 고객의 반응이 특별히 좋았던 게시물은 우수 콘텐츠로 지정하여 보여 준다.

상위 노출은 단순히 몇 건이 상위에 노출되었다고 말하기보다는 비율로 말하면 훨씬 전문적으로 보인다. 이를 광고 점유율Share Of

Voice, SOV이라고 부른다. 예를 들어 PC 네이버에서 '20대 여성 여드름 화장품'을 검색했을 때 첫 화면에 10개의 블로그 글이 뜨고 우리가 바이럴 마케팅한 글이 3개가 뜬다면 SOV는 30%(3/10)다. 모바일 네이버도 동일한 방식으로 SOV를 산정할 수 있다. 인스타그램은 사진 게시물과 영상 게시물의 크기가 다르기 때문에 전체 화면 비율상 우리 제품이 몇 퍼센트를 차지했는지로 보고하면 좋다.

마지막으로는 '결론 및 제언'을 다룬다. 2장 '마케팅의 첫 단추: 기획'에서 말했던 습득 교훈Lessons Learned과 비슷하다. 무엇을 잘했고 무엇을 잘못했는지를 정리하는 것이다. 이를 통해 추후 바이럴 마케팅을 진행할 때 어떠한 점을 지속하고 어떠한 점을 보강할지를 덧붙인다. 또한 상품과 서비스에 대한 고객의 공통적인 반응과 문의 사항이 있다면 다음에 신상품을 출시할 때 반영할 수 있도록 제언한다.

고객과의 소통:
인스타그램 계정 운영

1~3년 차 마케터가 주로 하는 일 중 하나가 SNS^{Social Network Service}, 특히 인스타그램 계정 운영이다. 인스타그램을 쉽게 봐서 그런지 아니면 가장 어린 직원들이 트렌드를 잘 읽고 잘할 것이라는 윗분들의 막연한 기대 때문인지는 몰라도 대체로 사원 대리급 직원이 인스타그램 운영을 담당한다. 나도 삼성에서 마케팅을 할 때 2년 차부터 인스타그램 운영을 담당했다.

유명 연예인이 모델로 있는 브랜드는 팔로워를 늘리기 꽤 쉽다. 다른 곳에서는 보지 못하는 연예인의 사진과 영상을 브랜드 계정에서 독점 공개하면 전 세계 팬들이 알아서 팔로우를 하기 때문이다. 엠비오라는 남성복 브랜드를 담당할 때 모델이 이종석 배우였는데, 팬들이 좋아하는 콘텐츠를 최초 공개 방식으로 올리곤 해서 '갓비오'라는 닉네임도 얻었다. 내가 마케팅을 잘한 게 아니다. 모델이 훌륭하면 큰 노력 없이도 인스타그램 팔로워를 늘리기가 이처럼 쉬운 것이다.

유명 연예인 모델도 없고 SNS 운영 예산도 적을 때는 어떻게 해야 할까? 영화 〈인터스텔라〉의 명대사처럼 마케터는 답을 찾아야 한다. 늘 그랬듯이. 개인적으로 인스타그램 부계정을 만들어서 큰 돈 들이지 않고 빠른 시간 내에 팔로워를 5,000명 이상 만들어 본 적이 있다. 팔로잉은 한 명도 하지 않고 말이다. 이 경험을 나누어 볼까 한다.

아는 분이 무심코 던진 한 마디 때문에 시작된 일종의 실험이었다. '너는 마케터인데 팔로워가 200명도 안 되냐?'라는 말을 듣고 나서 한참을 생각했다. 마케터로서 능력이 부족해서 팔로워를 못 늘리는 건지 아니면 관심이 없어서 안 늘리는 것인지를 말이다. 직접 알아보기로 했다. 그렇게 짧은 글을 올리는 인스타그램 부계정 (@kap_writing)을 만들게 되었다.

먼저 '카테고리 킹Category King'이 되기로 마음먹었다. 1등을 하는 가장 쉬운 방법은 1등을 할 수밖에 없는 나만의 카테고리를 만드는 것이다. 다시 말해 기존의 카테고리에서 남들과 경쟁하는 것이 아니라 새로운 카테고리를 만들어서 경쟁 없이 왕이 되는 것이다. 그렇게 만든 것이 '#자기계발시'라는 새로운 카테고리였다.

그 당시에 인스타그램에서는 '당신은 잘하고 있어요', '누가 뭐래도 당신은 소중합니다'라는 메시지를 전하는 짧은 감성 시(감성 글)가 유행하고 있었다. 감성 시의 짧은 분량과 이미지로 올리는 형식을 참고하되 자기 계발 메시지를 담은 '#자기계발시'라는 하나의 카테고리를 만들었다(이를 응용하여 연말마다 진행하는 새로운 릴레

kap_writing

대화의 기술

대화를 잘 하는 사람은 두 가지를 잘 한다

대답을 하기 보다는 적절한 질문을 하고
입을 열기 보다는 귀를 연다

그래서 대화가 끝나면
본인은 더 많은 정보를 얻고
상대방에게는 더 많은 만족감을 준다

캡선생
2021년 11월 05일 19시

인사이트 보기   다시 홍보하기

mimemeing님 외 775명이 좋아합니다
kap_writing #대화의기술

그림 2-16 캡선생(@kap_writing)의 #자기계발시

이 캠페인인 '#나의올해의책어워즈'도 만들었는데 해시태그가 곧 1,000개를 달성할 것 같다).

인스타그램
@kap_writing

카테고리 킹이 되고 나서 하루도 빠짐없이 매일 피드를 올렸다. 광고를 통해 고객에게 알릴 수 없다면, 고객에게 발견되어야만 한다. 무인도에서 구조되기 위해 끊임없이 불을 피우는 조난자처럼 계속해서 포스팅을 해야 한다. 물량 공세를 펼쳐야 한다. 다시 한번 말하자면 돈을 써서 알릴 수 없다면 시간과 노력을 써서라도 알려져야 한다. 내가 만든 콘텐츠가 마음에 들지 않더라도 일단 올렸다. 일정 규모 이상의 양이 축적되면 어느 순간 질적인 변화가 일어난

다는 양질 전환의 법칙을 믿으면서 꾸준히 올렸다. 만약에 매일 콘텐츠를 올리기 힘들다면 과거에 올렸던 콘텐츠 중 좋다고 생각했는데 반응이 적었던 콘텐츠를 다시 올리는 것도 방법이다. 같은 콘텐츠도 시기에 따라 다르게 받아들여질 수 있기 때문이다.

피드가 어느 정도 쌓이고 나서 나의 콘텐츠를 좋아할 만한 고객에게 먼저 다가갔다. '자기계발'과 관련된 대부분의 해시태그를 눌러서 나오는 콘텐츠를 일일이 다 보았다. 스팸처럼 '잘 보았습니다. 제 계정에도 놀러 오세요'라는 댓글은 절대 남기지 않고 콘텐츠를 자세히 보고 느낀 감정만을 담백하게 댓글로 남겼다. 예를 들어 '세 번째 줄의 공기라는 표현이 참 좋네요'와 같이 말이다. 이렇게 진심을 담아 관심을 표하다 보니 나의 계정을 방문하는 사람이 점차 늘었고 나의 게시물을 긍정적으로 본 사람들은 팔로잉을 하기 시작했다.

마지막 한 방은 광고다. 돈이 없는 마케터는 추측을 기반으로 섣불리 광고를 시작하면 안 된다. 확신을 갖고 진행해야만 한다. 확신은 나의 직감이 아닌 고객 데이터를 기반으로 한다. 어느 정도 팔로워가 모이고 각 게시물에 대한 팔로워의 반응을 알 수 있을 때까지는 광고를 하지 않았다. '좋아요', '댓글', '저장', '공유' 등의 참여율이 높은 게시물이 서서히 드러나자, 이러한 게시물 위주로 5만 원 내외의 소액 광고를 집행했다. 반응은 가히 폭발적이었다. 이때부터 팔로워가 기하급수적으로 늘기 시작했다.

가수 나훈아 씨는 '진정한 슈퍼스타는 까(안티)와 빠(팬)를 둘 다 미치게 만든다'라고 했다. 그런데 나는 슈퍼스타도 아닌데 팔로워가 1,000명을 넘어서니 악플러도 하나둘 생기기 시작했다. 애초에 대단한 목적으로 계정을 만든 것이 아니라 5,000명 정도까지 팔로 워를 늘리는 것이 일차 목표였기에 광고 집행을 멈추었다. 팔로잉 0, 팔로워 5,000을 달성한 순간이었다(계정 관리를 잘 하지 않아서 현재는 팔로워가 4,700명대까지 떨어졌다).

이러한 개인적 경험 외에도 수많은 기업의 브랜드 컨설팅 및 마케팅을 하면서 SNS를 더욱 깊이 공부하게 되었다. 이를 통해 알게 된 또 하나의 사실이 있다. 인간이 만든 모든 것은 그 목적이 있고 그 목적을 염두에 두고 활용해야 한다는 것이었다. 너무나도 당연

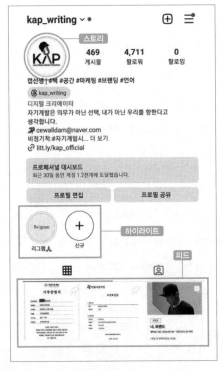

그림 2-17 인스타그램의 주요 기능인 '스토리', '하이라이트', '피드'

한 사실이었다. 인스타그램도 마찬가지였다. 쉽게 말해 메타의 창업자인 마크 저커버그의 맘에 들게 활동해야 한다는 사실을 말이다. 인스타그램의 주요 기능인 '스토리Stories', '피드Feed', '하이라이트Highlights'를 중심으로 한번 살펴보자.

스토리

'인스타그램에 올려도 될 만한 멋진 사진 혹은 동영상'을 의미하는 인스타그래머블Instagrammable이라는 단어가 있다. 인스타그램은 그 어떤 SNS보다 게시물을 엄선해서 올려야 할 것만 같은 엄격한 분위기가 있음을 나타내는 단어다. 사람들이 쉽게 사진이나 영상을 올리지 못한다는 이야기이기도 하다. 이를 보완하기 위해 만든 기능이 인스타그램 좌측 최상단에 있는 '스토리 기능'이다. 24시간 뒤에 게시물이 자동으로 사라지다 보니 사람들이 피드 게시물과 다르게 큰 고민 없이 사진이나 동영상을 가볍게 올린다. 요새는 피드 게시물은 전혀 올리지 않고 스토리만 올리는 사람들이 더 많기도 하다.

브랜드 계정을 운영하는 사람은 인스타그램에 피드 게시물을 올릴 때 일반인보다 고민이 더 크다. 브랜드의 전체적인 톤앤매너Tone and mannerXXIX는 물론이고 통일성까지 고려해야 하기 때문이다. 이를 고려하지 않고 게시물을 올리면 어떤 브랜드인지 혼란을 줄 뿐만 아니라 브랜드에 대한 호감도도 떨어뜨릴 수 있다. 스토리는 그래서 브랜드 계정을 운영하는 사람에게 단비와 같은 소식이다. 또한

XXIX 전체적으로 느껴지는 분위기나 태도 또는 재질감을 의미한다.

피드 게시물과는 전혀 다른 기회를 제공한다.

스토리 기능을 '고객과의 소통 창구'로 적극 활용할 것을 권하고 싶다. 라디오처럼 말이다. 라디오만의 매력 중 하나는 청취자가 보낸 사연을 DJ가 읽어 주고 반응하는 데 있다. 단순히 사연을 읽어 주는 것만으로도 청취자는 라디오 프로그램에 대한 애착이 생기고 친밀감이 상승한다. 이처럼 인스타그램에서 우리 브랜드를 언급하는 고객이 있다면 적극적으로 스토리에 올리고 태그를 해 보는 것이다. 고객이 브랜드 계정의 콘텐츠를 관심 있게 지켜보듯, 브랜드도 고객의 콘텐츠를 관심 있게 본다는 메시지를 던지는 것이다. 한번 브랜드가 언급한 고객은 다시 브랜드 계정에 언급되기 위해 브랜드 관련 사진이나 영상을 적극적으로 올릴 것이다. 자발적인 브랜드 홍보 대사가 되는 것이다.

또한 브랜드에서 진행하는 이벤트나 중요한 소식이 있다면 게시물을 올림과 동시에 스토리에도 올리면 좋다. 스토리의 장점 중 하나가 특정 사이트로 이동할 수 있는 '링크'를 걸 수 있다는 점이다. 공식 온라인몰에서 할인 행사를 하면 '온라인몰의 링크'를, 유튜브와 같이 다른 매체에서 영상 광고를 한다면 그곳의 링크를 걸어서 스토리에 게시해 보자. 스토리는 이처럼 부담 없이 자유롭게 소통 창구로 활용하면 좋다.

피드

피드는 여타 SNS와 마찬가지로 게시물을 올리는 영역이다. 다만 인스타그램만의 차별점이 있다면 바로 '#해시태그'와 함께 게시물을 올린다는 점이다. 해시태그만 잘 분석해도 인스타그램에서 더 많은 고객에게 다가갈 수 있다. 공짜로 광고를 할 수 있다는 말이다.

먼저 고객이 어떠한 해시태그를 사용하는지 잘 살펴보아야 한다. 예를 들어 초등학생 대상의 상품과 서비스를 마케팅하고 있다면 #초등학생과 같은 뻔한 해시태그만 보면 안 된다. #흑룡띠^{×××}와 같이 고객들만 알고 사용하는 해시태그를 찾아내야만 한다. 초등학생과 같이 검색량이 많은 인기 해시태그로 게시물을 올렸을 때 나의 게시물이 상단에 노출될 확률은 거의 없기 때문이다. 흑룡띠와 같이 고객들만 사용하는 해시태그를 올려야만 더 높은 확률로 나의 피드가 노출될 수 있다. 고객은 사용하나 기업들은 잘 모르는 숨은 해시태그를 찾아내야만 한다. 인스타그램에 숨어있는 보물은 이러한 해시태그다. 참고로 키워드 검색량이 궁금하다면 '네이버 트렌드'와 'Google 트렌드'에서 쉽게 확인할 수 있다.

#초등학생과 같이 다수가 검색하는 인기 키워드에서 상위에 노출되고 싶다면, 이미 해당 키워드로 올라오는 게시물을 철저하게 분석해야 한다. 사진이라면 어떻게 찍었는지 동영상이라면 어떻게 편집했는지를 본다. 해시태그는 몇 개를 그리고 어떻게 구성했는지, 본문의 내용은 어떻게 작성했는지를 말이다. 인기 해시태그를

××× 흑룡띠는 2012년생 아이들을 지칭하는 용어로 쓰이고 있다.

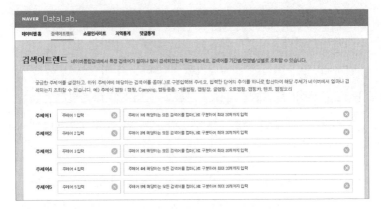

그림 2-18 네이버 키워드 검색량을 확인할 수 있는 네이버 트렌드

그림 2-19 구글 키워드 검색량을 확인할 수 있는 Google 트렌드

검색했을 때 최상단에 보이는 모든 피드는 인스타그램을 잘하기 위한 최고의 학습 자료다. 모든 것을 분석하고 또 분석해서 내 것으로 만들어야 한다.

하이라이트

하이라이트는 인스타그램 유일의 검색 기능이라고 보면 좋다. 기본적으로 인스타그램은 흐르는 플로우^{flow} 정보다. 24시간이 지나면 사라지는 스토리는 물론이고, 사라지지 않는 피드도 시간이 지나면 찾기 힘들다. 이와 다르게 하이라이트는 검색이 용이한 스톡^{stock} 정보다. 이것이 키포인트다. 고객이 알고 싶은 정보를 쉽게 찾을 수 있게 하이라이트에 정렬해 놓아야 한다.

고객은 주로 무엇을 궁금해할까? 이 질문에 대한 답이 하이라이트가 되어야 한다. 고객이 실제로 자주 묻거나 물어볼 법한 질문과 그에 대한 답을 'Q&A$^{Question \& Answer}$나 FAQ$^{Frequently\ Asked\ Questions}$'[XXXI]로 정리하는 것도 좋다. 패션 브랜드라면 신상품을 따로 모아 놓거나 티셔츠, 바지 등과 같이 품목별로 정렬해도 좋다. 혹은 브랜드 소개나 철학을 정리해 놓아도 좋다. 좋은 고객 후기를 모아 놓는 것 또한 괜찮은 방법이다. 다시 한번 말하지만, 하이라이트는 고객이 궁금해서 검색하고 싶어 할 정보를 잘 정리해서 보여 주는 것이 핵심이다.

국내에서 인스타그램 계정을 가장 잘 운영하는 브랜드로 늘 언급되는 이니스프리, 가장 활발하게 고객과 소통하는 패션 브랜드인 세터, 그리고 간결하게 계정을 운영하는 해외 브랜드 고프로를 참고하면 큰 도움이 되지 않을까 싶다.

XXXI 질문과 답 / 자주 물어보는 질문.

마케팅 그리고 마케터의 삶은 어떤가요?

Q. 마케터를 꿈꾸었을 때 기대한 것과 실제 마케터가 되고 난 후를 비교해 봤을 때 다른 점은 무엇이었을까요? 혹은 마케터로서 어려움을 겪은 적이 있다면 무엇일까요?

솔직하게 말씀드리면 저는 마케터를 꿈꾼 적은 없어요. 영어영문학과를 졸업하고 군대에서 영어 통번역을 하는 장교로 복무했는데 이후로도 영어 관련 일을 하지 않을까 막연하게 생각했죠. 정확하게는 앞으로 무엇을 할지에 대한 진지한 고민이 없었죠.

그러다 우연한 기회에 좋은 제안을 받아서 삼성물산에서 마케팅을 시작하게 되었습니다. 스탠퍼드대학교 연구 결과에 따르면 커리어 형성의 계기 가운데 약 80퍼센트가 우연이라고 하던데 저도 그 80%에 해당하는 것 같아요.[7]

기대가 없었기에 기대와 다른 점은 없었던 것 같아요. 다만 어려움도 즐거움도 모두 백지에서 시작되었어요. 몰라서 어려웠고 몰라서 재밌었어요.

Q. 마케팅에 대한 심리 이론 등을 알고 계신 것이 실전에서는 어떻게 적용되는지 알고 싶습니다.

마케팅의 핵심은 고객이고 고객은 당연한 말이지만 사람입니다. 질문하신 대로 사람의 심리에 대한 이해가 그래서 상당히 중요하다고 생각해요. 틈나는 대로 심리학 책을 읽으면서 이를 공부하고 있습니다. 생각보다 너무 많은 심리학 이론이 마케팅에 적용되기 때문에 다 말하기는 힘들 것 같고 한 가지만 예로 들어 볼게요.

초보 마케터가 많이 하는 실수가 고객을 논리적으로 설득하려고 한다는 거예요. 논리적으로 완벽한 기획서를 고객 앞에 들이밀면 고객이 우리 브랜드를 사랑할 것이라고 믿는 것이죠. 과연 그럴까요? 아니죠. 인간은 합리적인 동물이 아니라 합리화의 동물이에요. 구매는 감정적인 행동이에요. 대부분의 사람은 감정으로 구매하고 논리로 합리화를 해요. 이를 잘 이해해야만 종이 위에 적힌 그럴싸한 마케팅이 아닌 고객에게 와 닿는 마케팅을 할 수 있다고 생각합니다.

Q. 인생에서 가장 처음으로 마케팅을 접한 것은 무엇이라고 생각하시는지 또 그것이 스스로에게 어떤 영향을 주었는지 궁금합니다.

마케팅을 시작하면서 마케팅에 관심이 생긴 지라 잘 기억나지는 않네요. 삼성물산에 입사하고 나서 처음으로 보았던 마케터 선배들의 모습이 저에게는 큰 영향을 주었던 것 같습니다. 일단 선배들이 멋있었어요. 패션 회사라 그런지 겉모습도 멋있었고요.

어느 자리에서든 자기 생각을 당당하고 명확하게 표현하는 모습을 보면서 마케터는 저래야 하나라고 생각을 했습니다. 그때의 선배들의 이미지가 저에게는 마케터의 이상적인 모습을 그리는 데 큰 역할을 했던 것 같아요.

Q. 마케팅은 무엇이라고 생각하시고, 왜 중요하다고 생각하시나요?

마케팅을 정의하는 방식은 정말 다양한 것 같아요. 좁게 보면 '알리는 일'이죠. 조금 더 넓게 보면 '알리고 사고 싶게 만드는 일'이고, 브랜딩을 살짝 가미하면 '알리고 사랑하게 만드는 일'이라고 볼 수 있어요. 가장 넓게 보면 상품과 서비스를 기획하고, 고객을 모으고, 고객을 응대하고, 고객을 관리하는 전 과정이 마케팅일 수 있어요. 마케팅을 어떻게 바라보느냐에 따라 마케터의 업무 범위, 일을 대하는 태도도 달라지겠죠? 그래서 자신이 하는 일을 어떻게 정의하느냐가 정말 중요하다고 생각해요.

저는 마케팅을 '진심을 번역하는 일'이라고 생각해요. 고객이 진짜로 원하는 바를 제품과 서비스로 번역하고, 좋은 제품과 서비스를 고객이 이해할 수 있는 메시지로 번역하는 일이요(자세한 내용은 1장 '마케팅은 진심을 번역하는 일' 참조). 여러분도 마케터가 된다면 마케팅에 대한 본인만의 정의를 내릴 필요가 있어요.

마케팅이 왜 중요할까? 간단하게 말하면 고객에게 도움이 되는 좋은 제품과 서비스를 세상에 알리고 전할 수 있으니까 중요하지 않나 싶어요. 작은 기업 대표님들을 만나다 보면 안타까울 때가 많아요. 좋은 제품과 서비스만 만들면 고객들이 알아서 찾아올 것이라 믿으며 기다리는 거죠. 그런 일은 거의 없어요. 알려야만 하죠. 작은 기업일수록 적은 돈으로 아주 잘 알려야 해요. 대기업이 10번 광고할 때 중소기업은 2번만 광고해서 고객한테 알려야 하니까요. 이를 위해 좋은 마케팅이 필요하죠.

비영리 회사라면 마케팅은 더욱 중요해요. 누군가를 돕든, 환경을 보존하든 돈이 필요하잖아요? 정말 적은 돈으로 많은 사람한테 잘 알려야 하는데 이때도 마케팅이 큰 역할을 하죠.

정리해 볼게요. 좋은 것을 알리고 경험하게 혹은 동참하게 만드는 강력한 도구가 마케팅이에요. 그래서 중요하다고 생각해요.

Q. 대중이 생각하는 마케터와 실제 직업으로서의 마케터에는 어떤 차이가 있나요?

글쎄요. 대중이 생각하는 마케터는 어떨까요? 아마도 광고 만드는 사람이라고 생각하려나요? 저도 마케터가 되기 전에는 그렇게 생각했어요. 창의적이고 기발한 사람들. 그 정도의 이미지가 아닐지 싶네요. 이렇게 보는 것은 사실 마케터의 반만 보는 것 같아요. 마케팅을 예술(art)과 과학(science)이 합쳐진 종합예술이라고 보는데 대중은 예술적인 부분만 생각하지 않나 싶어요.

실무를 하다 보면 과학적인 사고가 상당히 중요해요. 과학이라고 해서 과학자가 하는 무언가를 의미하는 것은 아니에요. 논리적이고 치밀한 부분을 말하는 거예요. 예를 들어 마케팅을 하려면 돈이 필요한데, 왜 그 정도의 돈이 필요한지를 논리적으로 설명해야 해요. 마케팅을 하더라도 얼마나 많은 고객이 광고를 보고, 클릭하고, 웹사이트로 왔는지와 같이 수많은 데이터를 보고 분석을 해야 하죠. 흔히 퍼포먼스 마케팅이라고 부르는 영역이에요. 가끔은 숫자 속에 파묻혀 살 때도 있어요. 아니 대부분의 시간을 그렇게 보내는 것 같기도 해요.

Q. 기획했던 마케팅 중 가장 성공적이었던 프로젝트나 특별히 기억에 남는 프로젝트가 있으시다면?

성공의 기준이 '매출'이라면 CJENM의 '더엣지'라는 여성복 브랜드와 스케쳐스라는 스포츠웨어 브랜드가 떠오르네요. 두 브랜드 모두 구체적인 매출을 밝힐 수는 없지만, 저희가 각각 컨설팅과 퍼포먼스 마케팅을 담당한 후로 상당한 매출 성장을 이루었거든요. 물론 모든 것이 브랜드 컨설팅과 퍼포먼스 마케팅 덕분은 아니었겠죠. 내부 임직원의 역량과 다양한 변수가 작용했겠지만, 일단 결과적으로만 본다면 그렇습니다.

가장 기억에 남는 프로젝트를 꼽자면 2014 브라질월드컵 캠페인이 아닐지 생각합니다. 마케터가 제품 기획 단계부터 참여할 수 있는 경우는 그리 많지 않아요. 완성된 제품과 서비스를 전달받고 마케팅을 하는 게 일반적이죠. 그런데 브라질월드컵 캠페인의 경우 국가대표 단복을 제작할 때 저의 마케팅 인사이트를 넣을 수 있었어요. 기존 국가대표 단복은 동일한 디자인의 정장이었어요. 단체복 같은 느낌이었죠. 제가 프로젝트를 담당하면서 단복에 축구협회 엠블럼을 넣었고 매장에서도 마네킹에 입히고 대대적으로 홍보를 했죠. 이후로도 월드컵 대표단복에 축구협회 엠블럼이 들어가는 게 공식처럼 되었는데 이러한 시작점을 제가 찍은 것 같아서 스스로도 뿌듯합니다(3장 '고객의 마음을 얻는 법(2): 고객과 함께하기' 참조).

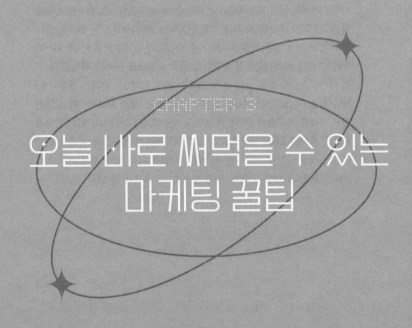

CHAPTER 3

오늘 바로 써먹을 수 있는
마케팅 꿀팁

손안의 새 한 마리가
숲속의 새 두 마리보다 낫다.

– 고대 그리스 속담

고객이 단번에 이해하는
콘셉트 만드는 법

최초의 여름 블록버스터라 불리는 영화는 스티븐 스필버그 감독의 〈죠스Jaws〉다. 이제는 공포영화의 상징이 된 '빠밤빠밤빠밤 빰빰빰 빰 빠바밤~' 멜로디의 OST로도 유명한 〈죠스〉는 1975년 개봉 당시 영화 역사상 최대 수익을 벌어들일 정도로 엄청난 인기를 끌었다. '공포영화 = 죠스'라는 공식을 만들었다.

그로부터 몇 년 후 아주 색다른 공포영화를 만들려고 하는 감독이 있었다. 영화를 제대로 만들기 위해서는 많은 돈이 필요했다. 투자자를 설득해야만 했다. 기존에 없었던 색다른 공포영화를 어떻게 투자자에게 설명할 수 있었을까? 그는 모두가 아는 공포영화인 〈죠스〉를 활용했다. 본인이 기획한 색다른 공포영화를 '바다가 아닌 우주에서 벌어지는 죠스'라고 설명하여 투자자를 설득한 것이다. 최고의 공포영화 중 하나로 꼽히는 리들리 스콧의 〈에이리언Alien〉은 그렇게 탄생했다.

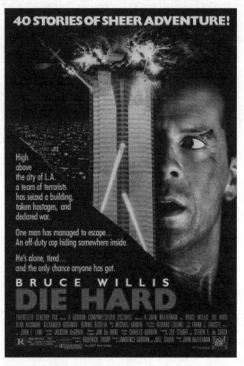

그림 3-1 수많은 영화의 하이 콘셉트를 이끌어낸 영화 〈다이 하드(Die Hard)〉

　에이리언과 같은 영화를 하이 콘셉트High Concept라고 부른다. 하이 콘셉트는 '우주판 죠스'라고 말하는 것처럼 홍보에 용이한 간결한 전제를 중심으로 하는 예술 작품이다. 할리우드에서 자주 사용하는 기법이다. 예를 들어 〈클리프행어Cliffhanger〉는 '산에서 벌어지는 〈다이 하드Die Hard〉', 〈스피드Speed〉는 '버스에서 벌어지는 〈다이 하드〉', 〈에어 포스 원Air Force One〉은 '비행기에서 벌어지는 〈다이 하드〉'처럼 말이다.[1] 2023년 우리나라 최대 흥행작인 디즈니+의 〈무빙〉도 하이 콘셉트라고 볼 수 있다. '한국판 〈엑스맨〉'이라고 간결하게 말할 수

그림 3-2 캐나다에서 최초로 공개된 자동차(Horseless Carriage) 광고

있는 작품이기 때문이다.

하이 콘셉트는 영화뿐만 아니라 고객에게 익숙하지 않은 제품과 서비스를 알리는 데도 매우 효과적이다. 자동차가 처음 나왔을 때 '말이 없는 마차Horseless Carriage'라 불렸고, 이메일Email은 이름 그대로 '전자 우편Electronic Mail', 비트코인은 '디지털 금'이라고 부른다. 모두 하이 콘셉트를 활용한 것이다.

이처럼 다수에게 익숙하지 않은 새로운 것을 마케팅할 때 하이 콘셉트는 매우 유용하다. 알게 모르게 우리는 이러한 마케팅을 매일 접하고 있다. 동아제약의 오쏘몰 이뮨 멀티비타민은 '비타민계의 에르메스'를 표방하며 카톡 선물하기 전체 랭킹 1위를 차지했다. 스페셜티 커피 블루보틀은 '커피계의 애플'을 홍보 문구로 활용하며 한국 시장에 빠르게 안착했다. 마케터라면 반드시 숙지해야 하는 개념이 바로 하이 콘셉트다.

하이 콘셉트는 그러면 어떻게 만들어야 할까? 《브랜드로 남는다는 것》에서 홍성태 교수가 말한 POP^Point of Parity와 POD^Point of Difference 개념이 큰 도움이 된다. POP는 유사점, POD는 차이점을 의미한다. 먼저 고객이 알고 있는 무언가와 유사하다는 것을 말하고 나서, 차이점이 무엇인지를 말하는 것이다. 앞서 말한 하이 콘셉트의 모든 사례가 이 방식을 따르고 있다. 영화 〈에이리언〉은 '죠스는 죠스인데(POP), 우주에서 벌어지는 내용이에요(POD).' 자동차는 '마차는 마차인데(POP), 말이 없어요(POD).' 비트코인은 또 어떤가? '금은 금인데(POP), 디지털로 존재해요(POD).' 하이 콘셉트를 만들고 싶다면 이처럼 POP를 먼저 생각해 보고, POD를 붙이면 된다. '○○은 ○○인데, ○○이 달라요!'라고 말이다.

다시 한번 정리해 보자. 고객에게 낯선 무언가를 알려야 한다면 하이 콘셉트를 활용하자. 이를 위해 기존에 고객이 알고 있는 어떤 것과 가장 유사한지(POP)를 확인하고, 차별화 요소(POD)는 무엇인지를 고민한다. '유사점(POP) + 차이점(POD)'을 통해 모두가 쉽게 이해할 수 있는 한 문장을 만든다. 고객이 단번에 이해하는 콘셉트는 이렇게 완성된다.

아이디어가 샘솟는 곳:
삼상과 3B

마케팅을 아이디어만으로 하는 것은 아니지만, 아이디어만이 마케팅을 구원해 줄 때가 있다. 완벽한 용을 그렸는데 단 하나, 경쟁사와 차별화되는 핵심 아이디어가 없을 때, 용은 살아 숨 쉴 수 없다. 이 한 점을 찾기 위해 마케터는 몇 날 며칠을 고민하고 또 고민한다. 고민한다고 아이디어가 나오는 것도 아니다. 오히려 책상 앞에서 고민하는 시간이 길어질수록 답이 나올 확률은 떨어진다. 그래서 아이디어가 나오지 않는 상황과 장소를 벗어나야 한다.

아이디어가 떠오르지 않을 때마다 회사를 나와 주변을 걷곤 했다. 코카콜라를 한 손에 들고 멍하니 걸었다. 첫 회사는 수송동에 있었는데 걸어서 1분 거리에는 조계사, 10분 거리에는 광화문 광장, 경복궁, 세종문화회관이 있었다. 날씨가 좋을 때면 걸어서 20분 거리에 위치한 서울시청 광장까지도 걸었다. 아이디어를 핑계로 농땡이를 치는 것으로 볼 수 있겠지만, 신기하게도 이렇게 걷다 보면 괜찮은 아이디어가 떠올랐다. 사무실에서는 그렇게 떠오르지 않던 아이디어가 툭툭 튀어나왔다. 때로는 퇴근 후에 집에 돌아와서 샤워를 할 때 불현듯 아이디어가 떠오르기도 했다. 수도세가 아깝지 않은 순간이었다.

나의 경험을 마케팅 강의나 모임에서 나누면 꽤 비슷한 이야기가 나오곤 한다. 사람마다 구체적인 장소는 다를 수 있지만 멍하게 있을 수 있는 공간에서 아이디어가 잘 떠오른다는 것이 공통적이었다. 이렇게 아이디어가 샘솟는 공간을 가리키는 말이 있다. 호리 마사타케의 《일이 편해지는 TO DO LIST 250》[2]에 따르면 중국에서는 삼상三上, 영국에서는 3B라고 불렀다고 한다. 이 둘은 놀라울 정도로 비슷하다.

삼상은 측상厠上(변기 위), 마상馬上(말 위), 침상枕上(침대 위), 3B는 욕실Bath, 버스Bus, 침실Bed을 의미한다. 씻고 볼일을 보는 곳, 이동 수단, 잠자는 곳이라는 점에서 동일하다. 모두 쉽게 멍때릴 수 있는 곳이라는 점도 같다. 삼상과 3B에서 아이디어를 떠올린 사람들은 수도 없이 많다. 그중에서 유명한 사람들만 꼽자면 다음과 같다.

먼저 욕실에서 아이디어를 떠올린 가장 유명한 인물로는 아르키메데스가 있다. 왕관이 순금인지 아닌지를 밝혀내라는 왕의 분부를 받고 고민하며 목욕을 하던 중에 욕조의 물이 흘러넘치는 것을 보고 부력의 원리를 깨달은 것이다. '유레카Eureka'는 그때 그가 욕실에서 외쳤던 말이다.

이동 수단에서 아이디어를 떠올리는 사람으로 가장 유명한 사람은 부자의 대명사로 알려진 빌 게이츠Bill Gates다. 빌 게이츠는 운전을

그림 3-3 스팸스의 창업자 사라 브레이클리

하면서 아이디어를 떠올린다는 말을 여러 인터뷰에서 했다. 보정속옷으로 세계 최연소 억만장자에 오른 사라 블레이클리Sara Blakely도 아이디어가 필요할 때 목적지 없이 운전을 하는 것으로 잘 알려져 있다. 이렇게 운전을 하면서 떠올린 아이디어 중 하나가 본인이 창업한 회사 이름인 스팸스Spanx이다.

침실에서 아이디어를 얻는 사람들도 많다. 창의적인 업무를 하는 사람 중 상당수가 침실에 노트를 두고 지낸다는 것은 이미 잘 알려진 사실이다. 이를 조금 더 적극적으로 활용한 사람으로 토머스 에디슨Thomas Alva Edison과 살바도르 달리Salvador Dali가 있다. 발명왕으로 유명한 토머스 에디슨은 '잠'을 활용했다. 아이디어가 필요할 때 그는 쇠구슬을 손에 쥐고 잠에 들곤 했다. 잠이 깊이 든 순간 쥐

 그림 3-4 토마스 에디슨   그림 3-5 살바도르 달리

고 있던 쇠구슬이 땅에 떨어지고 그 소리에 잠에선 깨곤 했는데 이 '잠'과 '깨어 있음' 사이 그 어딘가에서 아이디어를 얻는 것이었다. 초현실주의 작가이자 츄파춥스의 로고를 디자인한 살바도르 달리 도 비슷했다. 그의 경우 쇠구슬 대신 숟가락과 접시를 활용했다. 바닥에 접시를 놓고 숟가락을 쥔 채 잠에 들어 에디슨과 마찬가지 로 숟가락이 접시에 떨어지는 소리를 듣고 깨어나서 아이디어를 얻은 것이다.

그렇다면 왜 삼상과 3B가 가리키는 공간에서 아이디어가 샘솟는 것일까? 답은 뇌파에 있다. 일을 마치고 휴식을 취하거나 산책을 할 때 우리의 뇌파는 알파파의 형태[I]를 띠는데, 이때 평소에 생각하 지 못했던 아이디어가 자연스레 떠오르는 것이다. 미국 국립과학원 회보에 발표된 연구에 따르면 우리의 뇌는 높은 수준의 알파파 상 태에서 뻔하거나 잘 알려진 아이디어와는 거리가 먼 신선하고 창의

I 뇌파는 크게 감마파(30Hz 이상), 베타파(13~30Hz), 알파파(8~12.99Hz), 세타파(47.99Hz), 델타파(1~3.99Hz)로 나눌 수도 있다. 순서대로 '초집중 상태', '깨어 있을 때의 일반적 상태', '휴식, 이완의 상태', '얕은 수면 상태', '깊은 수면 상태'를 의미한다.

적인 아이디어를 생각해 낸다고 한다.[3]

　다시 말해 알파파가 활성화될 수 있는 공간이라면 그곳이 화장실이든, 이동 수단이든 침실이든 상관없다는 말이다. 몸에 긴장을 늦추고 마음에 휴식을 줄 수 있는 공간이라면 그 어느 곳이라도 아이디어가 샘솟는 공간이 될 것이다. 나만의 아이디어 보물창고인 삼상과 3B를 한번 찾아보자.

창의적으로 말하는 법:
스피드 게임 말하기

마케팅팀 지원자의 이력서에 빠지지 않고 등장하는 단어가 '창의적'이라는 표현이다. 훌륭한 마케터는 창의적이어야 하는데 본인은 창의적이다. 그러니 본인은 훌륭한 마케터가 될 인재라는 아주 깔끔한 삼단논법의 구조를 띠는 지원서가 많다. 여기서 한 가지 문제가 있다. 스스로를 창의적이라고 말하는 것 자체가 이미 창의적이지 않다는 사실이다. 가장 진부한 방식으로 창의성을 이야기하니 설득력이 떨어질 수밖에 없다.

창의적인 지원자는 그렇다면 본인의 창의성을 어떻게 어필할까? 그들은 '창의적', '크리에이티브'와 같은 직접적인 단어를 쓰지 않는다. 마치 해리포터에서 이름을 말하면 안 되는 존재인 볼드모트처럼 직접적인 표현을 기피했다. 한때 전 국민의 예능 프로그램이었던 〈가족오락관〉의 스피드 게임을 하는 사

김범룡x구창모
스피드퀴즈,
KBS 〈가족오락관〉

람처럼 말했다. 〈가족오락관〉을 잘 모르는 Z세대와 알파 세대를 위해 간단한 설명이 필요할 것 같다.

1990년대에는 주말만 되면 대부분의 가족이 모두 안방에 모여 앉아 〈가족오락관〉이라는 예능 프로그램을 보곤 했다. 남성팀, 여성팀으로 편을 나누어 다양한 게임을 하면서 어느 팀이 더 많은 점수를 얻어 승리하는지를 가리는 프로그램이었다. 이 프로그램의 하이라이트는 마지막에 진행하는 '스피드 게임'이었다. '스피드 게임'에 배정된 점수가 높아 대부분의 승패를 가르곤 했다. 가장 중요하고 가장 스릴 넘치는 게임이었다. 규칙은 간단하다. 한 사람은 주어진 제시어를 직접적으로 말하지 않으면서 설명하고 다른 한 사람은 제시어를 맞추는 일종의 스피드 퀴즈다. 앞서 말한 '창의력'이 제시어로 주어진다면, '힘은 힘인데 새로운 것을 생각해 내는 힘'과 같이 설명하는 것이다.

〈가족오락관〉 이후에도 수많은 예능 프로그램에서 '스피드 게임'을 했다. 단순하고 뻔한 게임인데도 불구하고 대중은 쉽게 질려하지 않았다. 제시어를 설명하는 방식이 늘 신선하고 기발했기 때문이다. 다른 말로 창의적이었기 때문이다. 제시어를 직접적으로 말할 수 없다는 제약이 창의적인 표현을 만들어 내는 것이다. 창의적으로 말하고 싶다면 이 방식을 참고할 필요가 있다.

스마트폰을 마케팅해야 한다면 스마트폰을 제시어로 받은 사람처럼 설명해 보고, 화장품의 주름 개선 기능을 어필하고 싶다면 주름이라는 단어를 빼고 기능을 설명해 보는 것이다. 1장 '마케팅은 하나인데 정의는 수백 개'에서 언급했던 강호동 대표에게 '브랜딩과 마케팅'이라는 제시어를 주었으면 아마도 다음과 같이 설명하지 않았을까 싶다. '고객의 마음을 여는 것과 지갑을 여는 것을 뭐라고 말해?'

《말랑말랑 생각법》[4]의 한명수 저자도 이와 비슷한 말을 했다. 무엇을 남다르게 하거나 새롭게 만드는 가장 쉬운 방법이 그것을 그것이라고 부르지 않는 습관이라고 말이다. 그의 표현을 빌리자면 회의를 회의라고 부르지 않을 때 우리는 기존의 갑갑하고 재미없는 회의에서 신선하고 가슴 뛰는 회의를 할 수 있다.

창의적인 표현을 원한다면 스피드 게임을 해 보자. 아이디에이션 Ideation[II] 대신 팀원들과 스피드 게임을 해 보자. 제시어를 빼고 말해 보자. 제시어가 없어도 상대가 이해할 수 있게 설명해 보자. 모두가 놀랄 만한 창의적인 표현이 튀어나올 것이다. 재미는 덤이다.

II 아이디어나 콘셉트를 만들어 가는 과정을 의미한다.

고객의 마음을 얻는 법(1):
고객이 되어 보기

입사한 지 한 달이 채 안 되었을 때의 일이다. 선배가 커피 한잔을 하러 나가자고 말했다. 별생각 없이 룰루랄라 선배를 따라 나갔다. 커피를 마시면서 이런저런 이야기를 나누다 선배는 꽤 심각한 표정으로 말했다.

'용석아 앞으로 패션 회사에서 마케팅을 계속할 거면 패션에 조금 더 관심을 갖는 게 어떻겠니? 일단 옷도 좀 사 보고. 네가 고객이 되어야 고객의 마음을 이해할 수 있지 않겠니?'

그 당시에 나는 누가 봐도 패션에 관심 없어 보이는 사람이었다. 특히나 경쟁사 대비 고가의 옷을 주로 판매하던 삼성물산 패션부문이었기에 나의 옷은 나쁜 의미로 튀었다. 매일 똑같은 회색 티셔츠를 입고 다니는 마크 저커버그처럼 늘 비슷한 옷만 입고 다녔다. 대부분의 옷은 그야말로 몸을 가리기만 하면 되는 정도의 저렴한 옷이었다. 선배의 말을 듣고 보니 너무나도 맞는 말이라는 생각이 들었다. 알겠다고 답하고 그때부터 주의를 기울여 옷을 구매하기 시작했다(패션 회사를 그만두고 나서 다시 원상 복귀되었다).

고객이 되어 보니 다양한 것이 보이기 시작했다. 매장 직원의 고객 응대, 옷의 특장점을 설명하는 방식, 옷을 쇼핑백에 담아 주는 방법, 구매자에게 제공하는 할인 쿠폰과 팸플릿 등 어떠한 포인트에서 고객이 만족하고 불편한지가 생생하게 보였다. 마케팅 메시지를 고객에게 전한다면 고객의 구매 여정에서 언제 어떤 식으로 전하면 좋을지도 알게 되었다. 사무실 책상 위에서는 보이지 않던 수많은 것이 눈앞에 생생하게 그려졌다. 고객을 아는 가장 빠른 방법은 고객이 되어 보는 것이었다. 고객이 되어 보니 비로소 마케팅이 보였다.

2023년도에 행사장에서 만난 뚜기(본명 양지우)가 직접 고객이 되어 보는 대표적인 마케터다. 그녀는 매출 120억 원의 브랜드로 성장한 아우어베이커리에서 마케팅을 시작해서, 용리단길의 핫플레이스인 '테디뵈르하우스', 그리고 GD 약과로 알려진 '골든피스'를 디렉팅했다. 공통적으로 빵과 디저트를 다루는 브랜드들이다. 그녀는 그 누구보다 빵과 디저트를 진심으로 사랑하는 고객이기도 하다. 빵 커뮤니티인 '빵빠레'를 운영할 정도니 말이다. 본인이 찐 고객이다 보니 고객의 마음을 누구보다 잘 알 수밖에 없었다. 해당 분야에서 마케팅을 못하려야 못할 수 없는 것이다.

직접 고객이 되어 보고 고객 커뮤니티를 운영하는 경험은 마케터에게 정말 값진 경험이다. 고객을 추측하지 말고 고객이 되어 봐야 한다. 마케터는 이를 명심해야 한다. 가장 정확하게 아는 법은 되는 것이다. 회사 차원에서도 고객이 되어 볼 수 있다. 법인이 고객이 되는 것이다. 가장 쉬운 방법으로 회사의 목소리가 아닌 고객의 목소리로 마케팅을 하는 것이 있다.

S 브랜드 대표님과 이야기를 나눌 기회가 있었다. 꽤 많은 투자를 받고 해외에서도 반응이 좋은 브랜드였다. 겉으로 보았을 때 전혀 문제가 없어 보였다. 멀리서 보면 희극 가까이서 보면 비극이라 했던가? 속을 들여다보니 나름의 문제가 있다는 것을 알게 되었다. 성장세에 있던 매출이 정체기에 들어섰고, 오랫동안 지속한 마케팅 메시지도 효과적이지 않다는 판단을 내부적으로 하고 있었다. 새로운 콘셉트와 메시지를 만들어야 하는데, 어떻게 해야 할지 모르겠다는 것이 그분의 가장 큰 고민이었다.

당시에 몇 가지 프로젝트를 동시에 진행하고 있어서 정식 컨설팅을 할 수 있는 상황은 아니었다. 그럼에도 도움을 드리고 싶었다. 반복해서 말하지만, 마케팅의 핵심은 '고객'이다. 일단 고객이 어떤 말을 하고 있는지를 살펴보았다. 상황은 생각보다 좋았다. 고객 후기는 칭찬 일색이었다. 단순히 '좋다'가 아닌 상세한 칭찬이 줄을 이었다. 이거다 싶었다. 바로 대표님께 연락을 했다. 그리고 고객 후기를 그대로 광고 메시지로 활용해 보라고 전했다. 그곳에서 핵심 메시지를 추려내라고 말이다. 대표님은 만족스러운 눈치였고 바로 실행에 옮겼다. 회사가 고객이 되는 순간이었다.

같은 메시지라도 회사가 말하는 것과 고객이 말하는 것은 하늘과 땅 차이다. 예를 들어 '○○떡볶이는 맛있습니다'와 같은 회사가 만든 메시지보다 "○○떡볶이 존맛탱!"과 같은 고객 후기가 훨씬 효과적이다. 심지어 같은 메시지라도 누구의 말임을 의미하는 큰따옴 표(" ")만 앞뒤로 붙여도 클릭률이 높아짐을 경험적으로 확인했다. 고객 후기가 어느 정도 쌓인 브랜드라면 이를 철저하게 연구해야 하는 이유다. 회사는 고객이 되어야 한다. 고객의 목소리를 고객에 게 전하는 존재가 되어야 한다.

　고객 후기도 없고 고객 반응도 확인하지 못한 신규 브랜드라면 어떻게 해야 할까? 이는 경쟁사의 고객 후기를 살펴보면 도움이 된 다. 경쟁사의 제품과 서비스에 불만족한 고객 후기에 집중하는 것 이다. 그들의 불만을 우리가 해결할 수 있다면 그 자체로 최고의 메 시지가 된다. 예를 들어 경쟁사 헤어드라이어의 주요 고객 불만족 이 '너무 무겁다'라면, '가벼움'을 우리 제품의 주요 마케팅 메시지 로 생각해 볼 수 있는 것이다.

　마케터가 고객이 되어 보고, 회사가 고객이 되어 보는 것이다. 고 객의 마음을 아는 그리고 고객의 마음을 얻는 가장 빠른 방법이다. 궁극의 타깃팅Targeting은 타깃빙Targetbeing이다.

고객의 마음을 얻는 법(2):
고객과 함께하기

2010 남아공월드컵에 이어 2014 브라질월드컵 국가대표팀의 공식 단복도 삼성물산 패션부문의 남성 정장 브랜드인 갤럭시가 만들었다. 일명 '프라이드 일레븐Pride 11'이라 불리는 슈트였다.

그전까지 월드컵 국가대표팀은 운동복처럼 편한 옷을 입고 출국하는 게 일반적이었다. 선수들에게 슈트를 단복으로 입힌다는 것은 상당히 어려운 일일 수밖에 없었다. 선수들의 컨디션에 악영향을 끼친다는 팬들의 저항도 만만치 않았다. 이 어려운 일을 2010년에 선배가 해냈고, 2014년에는 바통을 나에게 넘겼다(정확히는 선배가 전체적인 디렉팅을 하고 내가 구체적인 아이디어를 내고 실행을 맡았다). 입사 3년 차에게 주어진 너무나도 거대한 마케팅 캠페인이었다.

2006 독일월드컵 국가대표팀 출국 장면

월드컵이라는 세계적인 이벤트와 함께할 수 있다 보니 회사 내부에서도 이목이 집중되었다. 더군다나 2012년에 바로 옆에서 일하던 빈폴 마케팅팀이 올림픽 단복을 활용하여 마케팅 캠페인을 성공적으로 진행한 것을 보았던 터라 부담감이 더욱 클 수밖에 없었다.

그 당시 갤럭시는 매출 기준 대한민국 남성 정장 1위 브랜드였다. 1위임을 직접적으로 강조하기보다는 남성복 카테고리의 대표성을 내세우는 No.1 마케팅을 꾸준히 진행해 왔고 그 일환으로 2010년도부터 대한민국 월드컵 국가대표팀의 단복을 협찬하기 시작했다. No.1이 입는 No.1 슈트! 매우 직관적이고 명쾌한 메시지였다.

바통을 받자마자 생각했다. 캠페인의 핵심은 무엇일까? 고민 끝에 나만의 답을 찾았다. 그것은 공식 단복의 명칭이기도 한 '프라이드', 즉 '자부심'이었다. 말 그대로 대표팀 선수들은 단순 공식 단복이 아닌 자부심을 입는 것이고, 갤럭시는 슈트가 아닌 자부심이었다. 이를 위해 필요한 것이 있었다. 바로 자부심이라는 무형의 개념을 유형화할 수 있는 '상징'이었다. 그것은 국가대표 엠블럼이어야만 한다고 생각했다.

2010년 남아공월드컵에 국가대표팀이 입은 슈트는 하나의 통일된uni 형태form의 유니폼uniform이었다. 축구선수들이 운동복이 아닌 멋진 슈트를 맞추어 입었다는 것만으로도 화제가 되었지만, 국가대표라는 상징이 배제된 유니폼이라는 점이 아쉬웠다. 축구선수는 본인이 속한 클럽팀에서도 유니폼을 입고, 국가대표로서도 유니폼을 입는다. 두 유니폼의 차이는 간단하다. 국가대표라는 상징을 나타내는 축구협회 엠블럼이 가슴에 있느냐 없느냐이다. 단순한

2010
남아공월드컵
국가대표 슈트

상징 유무에 따라 선수들이 운동장 위에서 갖는 마음가짐이 달라지는 것이다.

2014년 브라질월드컵 국가대표 슈트에는 반드시 상징이 있어야 한다고 생각했다. 단순한 유니폼uniform이 아닌 자부심이라는 상징 symbol으로 도약해야만, 이번 캠페인의 의미를 보여 줄 수 있다고 생각했다. 마케팅 캠페인을 기획하고 실행하기에 앞서 이 문제부터 해결해야 했다.

생각보다 많은 반대와 어려움이 있었다. 구체적으로 밝힐 수는 없지만 예상치 못한 너무나도 사소한 이유로 반대하는 사람도 있었다. 반대하는 사람들의 마음을 돌릴 수 있는 다양한 방안을 고민해야만 했다. 감사하게도 그 당시 남성복 크리에이티브 디렉터를 맡고 있던 상무님이 적극적으로 도와주셨다. 축구협회에 같이 방문해서 설득하는 데 큰 힘을 실어 주셨다. 우여곡절 끝에 자부심이라는 상징을 국가대표 슈트에 부착할 수 있게 되었다.

슈트가 완성되었으니 이제 본격적으로 마케팅을 고민할 차례였다. 그런데 고민의 무게를 더욱 무겁게 만든 몇 가지 요소가 있었다. 일단 '월드컵'이라는 말을 쓸 수 없었다. 월드컵 국가대표를 공식 후원하는 것은 맞지만, 월드컵 공식 후원사는 아니었기 때문이었다. 아버지를 아버지라 부르지 못하는 홍길동이 되어 버렸다. 두번째 문제는 예산이 너무나도 적다는 점이었다. 마케팅 예산이 적다는 말은 모든 마케터가 입에 달고 살지만, 아무리 생각해도 적었다. 당시 국내에서만 수천억 원이 월드컵 마케팅을 위해 쓰였는데,

내가 담당한 브랜드의 예산은 한강에 물 한 바가지 쏟는 수준으로 턱없이 부족했다. 심지어 같은 이름의 스마트폰인 삼성 갤럭시도 마케팅을 대대적으로 하는지라 자칫 잘못하면 그냥 묻혀 버릴 수도 있었다.

불평만 할 수는 없었다. 모든 창의력은 제약에서 나온다고 하지 않던가? 상자 밖 생각think outside the box을 하기 위해서는 먼저 상자라는 제약이 필요하다. 적은 예산과 월드컵을 월드컵이라 부르지 못하는 홍길동의 입장을 나에게 주어진 상자라고 생각했다. 마케터로서 해야 할 일은 상자를 불평하기보다는 상자 밖 생각을 해내는 것이었다.

회사 내에서 많은 분들이 지켜보고 있었고 또한 많은 분들의 동의를 얻어야만 진행할 수 있었기에 큰 틀에서는 뻔한 것을 할 필요가 있었다. 대기업에서는 '안전'과 '도전'이라는 두 가지 선택지가 있다면 누구라도 '안전'을 택하는 분위기가 있다. 지금은 모르겠지만 그 당시만 해도 그랬다. 이제 막 이륙하는 비행기에는 굉음이 허락되지만, 이미 하늘을 날고 있는 비행기에는 굉음이 허락되지 않는 것처럼 말이다. 큰 물의를 일으키지 않으면서 진행해야 했다. 여러모로 이미 성공이 검증된 안전한 방식을 따르는 것이 현실적으로 타당해 보였다. 그중 하나가 '월드컵 응원가'를 만드는 것이었다. 누구나 수긍할 수 있는 뻔하지만 안전한 방식이었다.

이 뻔한 방식을 뻔하지 않게 만드는 것이 마케터로서 나의 역할이었다. 월드컵을 월드컵이라 부르지 못하고 예산도 적은 상태에서 많은 고객에게 다가가는 월드컵 응원가는 어떻게 만들어야 할까?

응원곡을 완성하고 나서 고객에게 알린다면 수많은 응원가에 묻힐 가능성이 높아 보였다. 예산이 적다면 남들보다 빠르게 시작하는 것이 방법이었다. 작으니 빨라야 했다. 고객과 응원곡을 처음부터 같이 만들면 되지 않을까? 고객과 함께하면 되지 않을까? 그렇게 고객과 함께 만드는 월드컵 응원가를 구상했다. 후렴구를 고객의 목소리로 꽉 채운 응원가. 2014 브라질월드컵을 연상할 수 있게 딱 2014명의 목소리로 후렴구를 만드는 응원 가라는 아이디어를 생각했다. '2014명 승 리의 함성을 브라질로!'라는 이벤트는 그 렇게 탄생했다.

회사 내부의 반응은 다행히도 좋았다. '응원가'라는 검증된 방식 이라 부담되지 않으면서, '2014명의 후렴구'라는 아이디어가 참신 하다는 평이었다. 문제는 실행이었다. 그 당시에는 인스타그램은 물론이고 페이스북도 지금처럼 활성화되어 있지 않아서 SNS로 소 식을 알리는 것은 불가능에 가까웠다. 또한 목소리를 녹음하기 위 해서는 별도의 프로그램과 웹사이트가 있어야 했다. 여러모로 난관 이 많았다. 쉬운 아이디어로 바꿀까 하는 유혹도 잠시 있었다.

다행히 도움을 주겠다는 외부 대행사를 만나게 되었다. 오랜 기 간 도움을 주었던 홍보 대행사였는데 내부에 IT 인력이 있어서 이 벤트 페이지 개발은 물론이고 2014명의 목소리를 온·오프라인 가 리지 않고 받을 자신이 있다고 했다. 터무니없어 보일 수 있었던 나 의 아이디어가 세상에 빛을 발할 수 있게 된 순간이었다(그때 고생 했던 대행사 담당자분들에게 미안하고 고마운 마음이다).

프로젝트를 디렉팅했던 선배의 지인이 엔터테인먼트 소속사 대표였다. 그 소속사에 있던 대한민국 대표 록가수인 김경호 씨와 곽동현 씨가 노래를 담당해 주었고 가사는 소속사 대표님이 써 주셨다. 핵심 메시지를 가사에 담기 위해 후렴구(승리를 원해, 대한민국 하나의 외침으로)는 내가 직접 작사를 하게 되었다. 적은 예산으로 진행을 해야만 했기에 어떻게든 많은 것을 직접 해내야만 하는 상황이었다.

많은 분들의 도움으로 마케팅 캠페인은 무리 없이 진행되었다. 다만 한 가지 문제가 있었다. 제일 중요한 국가대표 성적이 좋지 않았던 것이다. 스포츠 마케팅은 결과가 안 좋으면 답이 없는 경우가 많다. 더군다나 축구 외적인 문제까지 터지면서 월드컵 캠페인은 생각보다 빠르게 끝낼 수밖에 없었다. 16강 진출을 염두에 두고 준비한 이벤트는 물론이고, 결과가 다소 좋지 않았을 때를 위해 준비한 '졌지만 잘 싸웠다(졌잘싸)' 형태의 이벤트는 모두 그냥 묻을 수밖에 없었다.

기대한 결과는 얻지 못했지만, 이 캠페인으로 알게 된 중요한 사실이 있었다. 고객에게 다가가는 가장 좋은 방법은 고객과 함께하는 것이라는 점이었다. 이후로도 많은 캠페인에서 고객과 함께하는 방법을 늘 고민하고 반영했다.

회사 일이 아닌 개인 프로젝트를 진행할 때도 이 방법을 쓰곤 했는데 늘 좋은 결과를 얻었다. 친구와 함께 첫 책을 독립출판을 할 때도 제작 단계부터 독자와 함께했다. 먼저 책의 제목을 인스타그램에서 투표를 통해서 결정했다. 책에 관심이 많은 분들께는 초고를 보여 드리고 피드백을 받았다. 피드백을 주신 분들은 모두 책에 이름을 적었다. 고객과 함께한 덕분에 첫 책임에도 불구하고 제작비를 모두 충당한 것은 물론이고 소소하지만, 수익도 얻었다. 신인 작가 그리고 독립출판으로는 흔치 않은 일이었다.

이렇게 고객과 함께하는 것을 '프로세스 이코노미^{Process Economy}'라고도 부른다. 2022년에 출간된 오바라 가즈히로의 《프로세스 이코노미》[5]에서 이를 자세히 설명하고 있다. 책에 따르면 프로세스 이코노미에는 크게 세 가지 장점이 있다. 첫째, 결과물을 만들기 전부터 돈을 벌 수 있다. 둘째, 과정을 함께하다 보니 창작의 외로움을 해소할 수 있다. 마지막으로 충성도 높은 팬을 확보할 수 있다. 여러모로 완성품을 고객에게 '짜잔!'하고 보여 주는 아웃풋 이코노미보다 고객과 과정부터 함께하는 프로세스 이코노미가 낫다는 것이다.

완성품을 만들고 고객에게 전하는 것이 아니라 과정부터 고객과 함께하는 일이 이제는 선택이 아닌 필수가 되어가는 것 같다. 마케팅을 기획할 때 늘 고객과 함께할 방법을 고민해 보자. 고객이 들어올 자리를 마련해 두자.

핫한 이슈를 내 것으로 만들기:
하이잭 마케팅

'미래에는 누구나 15분 동안은 전 세계적으로 유명해질 것이다.' 앤디 워홀의 이 말이 점점 현실이 되어가고 있다. 놀이동산에서 영혼없는 멘트와 춤사위를 선보여 한순간에 일약 스타가 된 '소울리스좌', 골프 황제 타이거 우즈의 결정적인 샷을 모두 스마트폰으로 촬영할 때 경건하게 맥주 캔을 들고 지켜보는 모습으로 벼락스타가된 '미켈롭 가이' 등 이제는 그 누구라도 한순간에 전 세계적인 스타가 될 수 있는 세상이다.

영혼 없지만
노련한 멘트와
춤사위를 선보인
소울리스좌 김한나

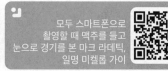
모두 스마트폰으로
촬영할 때 맥주를 들고
눈으로 경기를 본 마크 라데틱,
일명 미켈롭 가이

스타 모델만 활용하면 높은 확률로 성공하던 때가 있었다. 단기간에 브랜드의 인지도, 신뢰도, 호감도를 높일 수 있는 일종의 치트키였다. 다만 많은 기업이 원했으나 모든 기업이 할 수는 없었다.

스타가 갑이었으니 말이다. 스타의 모델료는 천정부지로 올라가고 대기업이 아니고서는 쉽사리 스타를 모델로 발탁하기는 힘들었다.

하지만 어느 순간 세상이 바뀌었다. 누구나 일약 스타가 되는 세상에서는 눈치 빠른 회사 그리고 촉이 좋은 마케터는 저비용으로 스타와 함께할 수 있게 된 것이다. 누구나 스타가 될 수 있고 누구나 스타와 함께할 수 있는 세상이 되었다. 대표적인 예가 제나 르네와 함께한 마몽드 광고다(물론 마몽드는 아모레퍼시픽의 브랜드다).

제나 르네
광고 인터뷰

제나 르네는 드라이브 스루 매장에서 일하던 평범한 아르바이트 생이었다. 어느 날 그녀의 영상이 SNS에 올라왔고 디즈니 공주 실사판이라 불리며 순식간에 큰 화제가 되었다. 우리나라에서도 화려한 외모와 밝고 친절한 태도가 디즈니 영화에 나오는 공주를 연상시킨다며 많은 네티즌이 영상을 공유했다. 한순간에 스타가 된 것이다. 마몽드는 이를 놓치지 않고 빠르게 그녀를 모델로 기용했다.

눈치 빠른 마케터는 사람뿐만 아니라 이슈도 선점한다. 다시 말해 많은 돈과 시간을 들여 직접 이슈를 만드는 것이 아닌 만들어진 이슈를 선점하는 것이다. 사람들의 관심을 끌어내는 것이 아니라 사람들이 관심 있어 하는 사람과 이슈를 선점하는 것이다. 바로 하이잭 마케팅^{Hijack Marketing}이라 불리는 기법이다. 비행 중인 항공기를 강제로 빼앗아 본인이 원하는 목적지로 가거나 다른 목적으로 이용하는 하이잭^{Hijack}에서 따온 용어다.

미국의 유명 배우인 라이언 레이놀즈는 하이잭 마케팅의 대가다.

가장 잘 알려진 사례는 에이비에이션 진^{Aviation Gin}이라는 양주 브랜드 광고다. 요약하면 이렇다. 실내 자전거와 러닝머신을 만드는 펠로톤^{Peloton}은 어느 날 성차별적인 광고로 여론의 뭇매를 맞게 된다. 부정적이기는 하지만 대중의 관심이 이 광고에 쏠린 것이다. 라이언 레이놀즈는 이때를 놓치지 않았다. 펠로톤 광고에 출연한 여배우를 그대로 기용하여 광고를 만든 것이다. 펠로톤 광고의 부정적인 이슈 때문에 속상해하는 광고 모델을 친구들이 술과 함께 위로해 준다는 내용이었다. 직접적으로 펠로톤을 언급하지는 않았지만, 누구나 그렇게 생각할 수 있는 광고였다. 여기에 펠로톤의 성차별적인 메시지를 비꼬는 듯한 메시지까지 추가했다. 그렇게 펠로톤이 막대한 비용을 들여 여론의 뭇매까지 맞으며 만든 이슈를 그대로 에이비에이션 진의 것으로 만들었다. 하이잭 마케팅을 제대로 보여주는 사례다.

성차별 논란을 일으킨 펠로톤 광고

펠로톤 광고에 나온 모델을 그대로 기용한 에이비에이션 진 광고

하이잭 마케팅을 할 때 무엇을 고려해야 할까? 크게 두 가지가 있다. 시기와 연관성이다. 인터파크 마케팅 사례를 통해 이야기해 볼까 한다.

나는 유세윤 씨의 개그를 좋아하는 편이다. 그를 보면 기획력이 매우 뛰어난 마케터 같다는 생각도 든다. 그의 인스타그램을 평소에 즐겨 보곤 하는데 어느 날 유달리 반응이 뜨거운 영상을 보았다. 배우 송진우 씨와 함께 찍은 여행 영상이었다. 내용은 단순했다. 둘

이 여행지 곳곳을 누비는 내용이었다. 특별할 것이 전혀 없었다. 단 하나만 빼고 말이다. 처음부터 끝까지 '하하하'라고 크게 웃는 것이었다. 팬들이 하나 둘 이 영상을 패러디하기 시작했다. 바로 이거다 싶었다. 이 영상을 선점해야겠다고 생각했다.

2018년 당시에 브랜드 컨설팅을 담당하고 있었던 인터파크의 투어 부문 마케팅 소재로 활용하면 좋을 것 같았다. 앞서 말한 라이언 레이놀즈처럼 모델도 내용도 그대로 광고로 쓰면 좋을 것 같았다(당시에는 라이언 레이놀즈가 말한 하이잭 마케팅이라는 개념은 없었다). '하하하'라는 웃음소리에 '즐거움'과 가격이 내려간다는 '下下下'의 중의적인 의미를 담아 '가격이 싸고 즐거운 여행'이라는 메인 메시지로 만들면 딱 좋을 것 같았다. 인터파크 담당자에게 말하기 전에 회사 내부 미팅 때 야심 차게 이야기를 꺼냈으나 반응이 뜨뜻미지근했다. 이슈를 아는 사람이 별로 없는 것이 문제였다. 아이디어는 광고주에게 가기도 전에 회사 내부에서 그대로 묻혀 버렸다.

몇 개월 후 다시 한번 묻힌 아이디어를 꺼내 보았다. 이번에는 반응이 달랐다. 모두가 유세윤과 송진우의 하하하 영상을 알고 있었고 좋다는 의견이 다수였다. 이슈가 다소 사그라든 것 같아 아쉽긴 했지만 빠르게 인터파크에 제안을 하고 어렵사리 캠페인을 진행하기로 했다. 다만 예산이 문제였다. 원래 기획 의도는 SNS에서 화제가 된 영상을 그대로 찍는 것이었는데 송진우 씨까지 모델 계약을 하는 것은 여러모로 무리였다. 처음 기획과 달리 유세윤 씨만 모델로 기용하고 내용도 그에 맞추어 바꿀 수밖에 없었다. 아쉽지만 어쩔 수 없었다. 당시 영상을 제작해 주신 프로덕션 감독님께서 세부적인 아이디어를 새롭게 내주시고 유세윤 씨도 현장에서 다양한 애드리브로 부족한 부분을 메꾸어 주어 영상은 걱정한 것보다는 괜찮게 나왔다.

요약하자면 이렇다. 유세윤과 송진우의 하하하 영상을 그대로 광고로 만들어서 이슈를 선점하려 했으나 진행상에 문제가 있었다. 시기는 생각했던 것보다 2개월 넘게 밀렸고, 유세윤만 모델로 기용하다 보니 기존 영상과의 연관성도 다소 떨어졌다.

이후에 몇몇 회사 및 지자체에서 인터파크와 비슷한 광고 영상을 만들었는데 모두 큰 효과를 보지 못했다. 시기적으로 모두 인터파크보다도 늦었고, 유세윤과 송진우 모두 기용하여 연관성 있게 찍은 광고도 거의 없었다. 모두 완벽하게 이슈를 하이잭하지 못한 것이다.

아쉬운 마음에 유세윤의 다른 영상을 하이잭하여 티저 광고 영상을 만들었다. 당시에 한창 유행했던 유세윤의 담력 훈련 영상이었다. 시기적으로 유효했고 기존 영상과의 연관성도 높다 보니 본편 광고보다 반응이 더 좋았다. 담력 훈련 영상을 간단하게 설명하면 유세윤이 김종국이나 강호동처럼 무서운 사람 앞에서 혀를 낼름거리고 촐싹대며 놀리는 영상이다. 이를 그대로 가져와서 인터파크 모델 위촉식 영상을 만들었다. 광고 모델과 계약을 하는 상황을 그대로 광고로 만든 것이다. 유세윤이 촐싹대는 건 그대로였고 대상은 인터파크 대표였다. 리얼리티를 살리기 위해 실제 대표님을 섭외하고 싶었으나 사정상 대표 역할은 전문 배우가 맡았다.

　이후로 하이잭 마케팅을 할 때면 '시기'와 '연관성'을 최우선 순위에 두고 기획을 하게 되었다. 이슈가 발생한 시점으로부터 최대한 빠르게, 이슈와 최대한 연관성 있게 기획하는 것이다. 이 두 가지를 염두에 두면 적은 비용으로도 큰 관심을 얻을 수 있는 하이잭 마케팅이 가능하리라 본다. 이슈를 만들 수 없다면 선점하자.

모두의 콜라보,
아무도의 콜라보

프리드리히 니체의 대표작 《차라투스트라는 이렇게 말했다》의 부
제는 '모두를 위한 그리고 그 누구를 위한 것도 아닌 책A book for all and
none'이다. 모두가 읽어야 하는 책이라는 점에서 '모두를 위한 책'이
고, 동시대 사람들 그 누구도 이해하지 못할 책이라는 점에서 '그
누구를 위한 것도 아닌 책'이라는 부제를 단 것이다. 니체다운 자신
감이 느껴진다.

컬래버레이션(이하 '콜라보')도 이와 비슷한 것 같다. 누구나 콜라
보를 할 수 있다는 점에서 '모두의 콜라보'지만 아무나 성공적인 콜
라보를 하는 것은 아니라는 점에서 '아무도의 콜라보'이지 않을까
싶다.

콜라보를 하는 이유는 크게 세 가지를 생각해 볼 수 있다. '브랜
드를 신선하게 만들기', '브랜드를 더 많은 사람에게 알리기', '매출
(혹은 팬덤) 늘리기'. 최근 몇 년간 우리나라에서 콜라보를 가장 잘하

고 가장 열심히 했던 대한제분의 곰표는 이 세 가지를 모두 달성했다. 오래된 브랜드가 아닌 신선한 브랜드라는 인식을 얻었고, 중장년층뿐만 아니라 1020도 아는 전 국민적인 브랜드가 되었으며, 하향세이던 매출은 콜라보를 본격적으로 시작한 2018년 상승세로 전환했다. 콜라보를 하는 모든 기업이 꿈꾸는 모습이다.

그림 3-6 콜라보의 대명사가 된 대한제분의 곰표

나는 대기업 마케터로 일할 때도 다양한 콜라보를 했고, 사업을 시작한 이후로도 수많은 기업의 브랜드 컨설팅과 마케팅을 대행하면서 지속적으로 콜라보를 하고 있다. 이를 통해 브랜드의 규모에 따라 콜라보의 방식과 콜라보를 바라보는 태도가 다를 수 있음을 깨닫게 되었다.

큰 브랜드의 콜라보

삼성물산 패션부문에 있을 때는 그 누구와도 손쉽게 콜라보를 할 수 있었다. 모두가 삼성과 함께하길 원했으니 말이다. 제안을 먼저 한 적도 없었던 것 같다. 거의 매달 콜라보 제안서 혹은 미팅 요청이 쇄도했으니 그럴 필요가 없었다. 특히나 '삼성'이라는 후광 효과를 더욱 얻고 싶어 했던 스타트업의 제안이 많았다. 부득이하게 수많은 제안을 거절할 수밖에 없었는데 그중 한 스타트업 대표님은 시간이 흘러 유명 상장사의 대표가 되었다. 그 당시 부족했던 나의 안목이 애석할 뿐이다.

가장 기억에 남는 콜라보는 디즈니코리아와 함께한 '엠비오 X 스타워즈' 콜라보와 IT 스타트업과 진행한 스마트 줄자 콜라보였다. 두 콜라보를 통해 실무자로서 많은 것을 배우기도 했다.

먼저 '엠비오 X 스타워즈'는 디즈니코리아에서 제공한 스타워즈의 지적재산Intellectual Property, IP을 활용하여 엠비오에서 남성복을 만드는 콜라보 작업이었다. 흔히 볼 수 있는 형태의 콜라보다. 하지만 흔히 볼 수 없는 글로벌 회사의 내부를 볼 수 있는 콜라보이기도 했다. '이런 것까지 규정이 있다고?' 싶을 정도로 디즈니는 거의 모든 부분에 대한 세세한 가이드라인이 있었다. 예전에 책을 읽다가 파리에 있는 디즈니랜드에 백설 공주가 나타나면 다른 모든 디즈니랜드에는 백설 공주가 등장할 수 없다는 가이드라인을 보고 디즈니의 세심함에 감탄을 한 적이 있었는데 콜라보도 그러했다. 분명하고 섬세했다. 디즈니가 보유한 모든 캐릭터의 일관성은 이러한 섬세한 디테일이 떠받치고 있음을 체감한 순간이었다.

'스마트 줄자 콜라보'는 스타트업이 스마트 줄자를 비롯한 애플리케이션을 만들고 우리 회사는 이를 남성복 온오프라인 매장에 적용하는 활동이었다. 지금도 크게 달라지지는 않았지만, 과거에는 더욱 정장을 온라인으로 구매하지 않았다. 정장은 몸에 딱 맞아야만 한다는 인식이 있어 매장에 가서 직접 입어 보고 사는 게 불문율이었다. 이를 해결하기 위해 나온 것이 스마트 줄자였다. 스마트 줄자로 한 번만 신체 치수를 측정하면 연동된 애플리케이션을 통해 최적의 정장을 추천받을 수 있었다. 정장을 온라인으로 구매하는 데있어 가장 큰 걸림돌을 제거하려는 시도였다. 스타트업은 본인들의 아이디어와 기술을 알리고, 우리는 고객의 불편함을 줄이는 '윈윈'을 노리는 콜라보였다. 시작할 때만 해도 미완성이었던 스마트 줄자는 캠페인을 시작하기 전에 모든 것이 완성되었다. 부족한 부분이 있으면 밤을 새워서라도 빠르게 보완하고 수정하는 그들을 보면서 대기업과는 다른 스타트업만의 분위기를 엿볼 수 있었다. 그들의 뜨거운 열정과 폭풍 같은 역동성을 배울 수 있는 작업이었다(결과적으로는 스마트 줄자와 같은 기술보다는 고객 리뷰가 온라인에서 정장 구매의 허들을 완화해 주었다).

두 콜라보를 통해 우리 회사가 얻은 것은 '신선함'이었다. 보고서 상의 용어로는 '활력 창출'이었다. 대기업은 이미 알려질 만큼 알려졌고, 매출 또한 급성장하기 힘들다. 콜라보를 할 때 '신선함'에 집중할 수밖에 없는 이유다. 대기업이 주로 신생 기업 특히나 힙하다고 알려진 브랜드와 콜라보를 하는 것도 이 때문이다. 반대로 신생 기업이 대기업과 콜라보를 하는 이유는 주로 '인지도를 높이고' '매출을 늘리기' 위해서다. 쉽게 말해 대기업은 '신선함'을 얻는 대가로 '인지도'와 '매출'을 제공해 주는 것이다. 브랜드마다 다를 수는 있지만 일반적으로 대기업의 콜라보는 이런 방식으로 진행된다.

작은 브랜드의 콜라보

예상대로 작은 브랜드가 다른 기업과 콜라보를 하는 것은 매우 어렵다. 특히나 잘 알려지지 않은 작은 브랜드라면 더욱 힘들다. 앞서 말한 콜라보를 하는 세 가지 이유 중 단 하나라도 충족하기 위해서는 콜라보를 하는 상대방이 '힙하거나(트렌디하거나)', '잘 알려져 있거나', '충성 고객이 많거나 매출이 많아야' 한다. 문제는 이러한 조건을 충족하는 기업이 작은 브랜드와는 콜라보를 잘해 주지 않는다는 데 있다. 대기업에 있을 때는 전혀 생각하지 못했던 문제였다. 상대 회사로부터 여러 번 거절당하면서('까이면서'가 더 적절한 용어일 것 같다) 알게 된 사실이다. 줄 게 있어야 받을 수 있다는 너무나도 뻔한 사실을 뒤늦게 깨달은 것이다.

어떻게 좋은 콜라보를 할 수 있을지 고민하기에 앞서 어떻게 콜라보를 성사시킬 수 있을지를 고민해야 했다. 작은 브랜드에서 일하는 마케터는 아마도 대부분 같은 고민을 할 것이다. 회사에 돈이 많다면 문제가 되지 않는다. 상당수의 콜라보는 곰표 밀맥주와 같은 합작품을 만드는 형태인데 이때 수익 배분을 어떻게 하느냐가 매우 중요한 문제다. 이때 매출의 몇 퍼센트를 수익으로 나눌지를 의미하는 RS^Revenue Share와 매출과 상관없이 최소로 지불하는 금액인 MG^Minimum Guarantee가 핵심이다. 업계 평균보다 RS와 MG를 높여 주면 안 될 콜라보도 되는 경우가 종종 있다. 다만 돈이 부족한 회사는 이렇게까지 하기 힘들다.

작은 브랜드는 큰 브랜드와 다르게 좋은 콜라보는 불가능한 것일까? 비슷한 고민을 하다가 대안을 찾았다. 바로 '색다름'과 '맥락'에 집중하는 것이었다. 일단 '색다른' 콜라보를 통해 브랜드가 신선해질 수 있다. 이에 '맥락'까지 더하면 대중이 쉽게 이해함은 물론이고 양측의 고객이 쉽게 왕래할 수 있게 된다. 이를 어필하는 것이었다. 적은 예산으로 진행한 아이웨어 브랜드 '클로떼'와 밴드 '무드'의 콜라보를 이야기해 볼까 한다. 누구나 할 수 있는 모두의 콜라보 사례다.

뛰어난 기술력으로 글로벌 유명 아이웨어 브랜드의 제품을 생산하는 JCS International의 하우스 브랜드가 클로떼다. 업계에서는 알만한 사람은 다 아는 탄탄한 브랜드다. 다만 대중에게 잘 알려지지 않았고 새로운 콘텐츠가 부족한 점을 보완할 필요가 있었다. 클로떼는 그동안 몇몇 콜라보를 진행하긴 했지만, 다른 아이웨어 브랜드에서도 많이 진행했던 것들 위주였다. 패션 인플루언서와의 콜라보가 대표적이다.

브랜드를 알리려면 색다른 콜라보가 필요해 보였다. 뮤지션과의 콜라보가 괜찮을 것 같았다. 돈을 주고 만드는 광고 음악이 아닌 콜라보 '음원'과 '뮤직비디오'를 만드는 것이 목표였다. 유명 가수와 콜라보를 할 경우 비용도 비용이지만 흔히 볼 수 있는 그림이 나올 것 같아서 제외했다. 대신 신인 밴드와의 콜라보를 생각했다. 그것도 10대로만 구성된 밴드. 가능성으로 빛나는 10대 밴드 무드와의 콜라보는 그렇게 기획하게 되었다.

'아이웨어 브랜드'와 '10대 밴드'라는 색다른 조합은 완성했으니 맥락을 고민해야 했다. 좋은 맥락을 위해 무엇을 고민해야 할까? 가수 고영배는 〈행복이 어떤 건지 가끔 생각해〉[6]에서 뮤지션의 경험에 비추어 잘 되는 콜라보에 대해 말했다. 그것은 콜라보를 할 두 존재에 대한 깊은 이해였다. 좋은 맥락도 마찬가지라는 생각이 들었다. 그때부터 아이웨어 브랜드 '클로떼'와 10대 밴드 '무드'를 깊게 이해해 보고자 했다. 이해의 끝에서 두 존재의 본질을 마주하게 되었다. 클로떼는 결국 '보는' 브랜드고, 무드는 '듣는' 밴드였다(너무 뻔한가? 원래 본질은 누구나 아는 뻔한 것이다). 본질을 들여다보니 '들어보다'라는 단어가 불현듯 떠올랐다. 이 단어를 통해 두 존재의 감각적 접점을 만들고 확장하여 맥락을 만들어 보기로 했다. 이에 대해서는 클로떼와 무드의 콜라보 음원인 〈Close Up(with Clrotte)〉 소개 글에서 자세히 풀어냈다.

그림 3-7 클로떼 X 무드의 콜라보 음원 <Close Up(with Clrotte)> 앨범 아트

아이웨어 브랜드 클로떼Clrotte와 노래하는 밴드 무드Mood의 만남이라니. 낯설지만 새로운 느낌입니다. '보는' 브랜드와 '듣는' 밴드의 만남은 감각적 접점이 없어 보이니까요.

클로떼 X 무드 콜라보 뮤직비디오

하지만 '들어보다'라는 단어를 떠올려 보면 이 둘의 만남이 자연스러워 보이기도 합니다. 누군가의 진심을 알기 위해서는 관심 있게 듣고 보아야만 합니다. 그래서 이번 클로떼 X 무드의 컬래버레이션 음원 <Close Up(with Clrotte)>은 이러한 진심을 향한 교집합에서 출발했습니다.

영화나 드라마에서 인물의 얼굴을 화면에 크게 나타내는 클로즈업Close Up은, 누군가에게 집중하게 만드는 혹은 누군가에게 집중하고 있음을 나타내는 기법입니다. 시선이 모이고 귀가 쫑긋하는 이 모든 감각을 아울러 오롯이 사랑하는 한 사람에게만 집중하고 싶은 그리고 그 사람이 나에게만 집중하였으면 하는 마음을 가사에 담았습니다.

시선을 클로즈업하는 브랜드 클로떼, 청각을 클로즈업하는 밴드 무드, 이 두 감각의 조합이 말하는 클로즈업과 여러분이 느끼는 클로즈업을 비교해 가며 <Close Up(with Clrotte)>에 눈과 귀를 클로즈업해 주세요.

- 무드의 <Close Up(with Clrotte)> 소개 글

《어린 왕자》의 작가 생텍쥐페리는 다음과 같이 말했다. '당신이 배를 만들고 싶다면 사람들에게 세세한 업무 지시를 할 것이 아니라 그들이 드넓은 바다를 동경하게 만들어라.'

클로떼와 무드의 콜라보가 가능했던 것도 두 브랜드(존재)가 같은 바다를 동경했기 때문이지 않을까 싶다. 한 달 남짓한 기간에 그것도 적은 예산으로 새로운 음원과 뮤직비디오를 제작할 수 있었던 것은 공동의 목표 때문이었다. 색다르고 맥락 있는 좋은 콜라보를 만들어 보자는 목표에 대한 공감대가 이를 가능하게 했다.

클로떼와 무드 모두 이번 콜라

그림 3-8 인기 해시태그 #아이웨어 최상단에 노출된 클로떼 X 무드 콜라보 이미지

보에 크게 만족했다. 클로떼 담당자는 '처음으로 브랜딩다운 브랜딩을 해 본 것 같다'라는 의견을 주었고, 무드의 총괄 프로듀서는 '밴드가 한 단계 성장한 것 같다'라는 콜라보에 대한 소감을 밝혔다. 내가 느낀 점은? 콜라보의 세 가지 이유를 넘어 콜라보에 대한 나만의 정의를 내릴 수 있게 되었다. 나의 편을 만들어 우리의 팬을 만드는 과정, 이것이 진정한 콜라보의 의미가 아닐까 생각하게 되었다.

다시 한번 정리해 보자. 콜라보를 하는 이유는 크게 '브랜드를 신선하게 만들기', '브랜드를 더 많은 사람에게 알리기', '매출(팬덤) 늘리기' 세 가지다. 대기업은 콜라보를 통해 주로 '신선함'을 얻고 신생 기업은 '인지도'와 '매출'을 얻는다. 큰 브랜드와 다르게 잘 알려지지 않은 작은 브랜드는 여러 이유로 콜라보를 성사시키기 힘들다. 작은 브랜드의 마케터가 콜라보를 통해 얻고자 하는 게 있다면 먼저 무엇을 줄 수 있을지를 생각해야 한다. '색다름'과 '좋은 맥락'에 대한 고민이 이에 대한 좋은 답을 줄 것이다. 나의 편을 만들어 우리의 팬을 만들어 보자.

브랜드를 키우는 세 글자:
CUO

글로벌 기업의 마케팅 임원이 진행하는 트레바리 독서 모임에 놀러 간 적이 있다. 나도 트레바리에서 클럽장[III] 활동을 하고 있는데 다른 모임장은 어떻게 운영하는지 보고 배우기 위해 다른 모임에 종종 놀러 가곤 한다. 이날도 배운다는 심정으로 참여했다.

이날 모임에서 다루었던 책은 《슈독》이었다. 제목 그대로 신발에 미친Shoe dog 나이키의 창업자 필 나이트의 자서전이다. 마케터라면 그냥 지나칠 수 없는 책이다. 마케팅을 하는 사람 중에서 나이키를 싫어하는 사람이 있을까? 아니 싫어할지언정 나이키를 인정하지 않는 마케터는 없을 것이다. 그럼에도 인정할 수 없는 사람이 있다면 아래 문구를 읽어 보자.

III 트레바리에서 전문성을 인정받은 모임장을 일컫는 용어이다.

> 싸구려 브랜드인가? NO 그럼 너무 비싼가? NO
> 그럼 부자는 안 신나? NO 아무나 다 신나? YES
> 그럼 패피는 꺼리나? NO 그런데도 선수가 신나? YES
> 전통이 있나? YES 그럼 올드한가? NO 예쁜가? YES
> 그럼 기능이 별로인가? NO 평범한가? YES
> 비범한가? YES 어른용인가? YES 아이용인가? YES
> 남자용인가? YES 여자용인가? YES
> 아니 그런 브랜드가 세상에 어딨나? 나이키[매장에는 swoosh로고가 쓰임]
>
> - 나이키 한국 매장 디스플레이 문구 중

나이키 자랑은 이만하면 충분히 한 것 같다. 모임에서는 이미 나이키가 위대한 브랜드라는 공감대가 있었기에 바로 본론으로 들어갔다. 나이키가 어떻게 이러한 위대한 브랜드가 될 수 있었는지에 관해 누군가는 브랜드의 강력한 비전과 철학을 이야기했고, 다른 누군가는 '마이클 조던', '르브론 제임스'와 같은 성공적인 스타 마케팅을 이야기했다. 이외에도 지금의 나이키를 만든 수많은 이유와 변수가 언급되었다. 딱 한 가지만 빼고 말이다. 바로 CUO였다.

CUO는 Category Use Occasion의 약자로 '카테고리 사용 상황'을 의미한다. 쉽게 말해 고객이 브랜드를 어떠한 상황에서 사용하는지를 말하는 것이다. KFC, 타코벨과 같은 세계적인 외식 브랜드를 성공적으로 마케팅한 그레그 크리드Greg Creed와 켄 멘치Ken Muench는 《다시 팔리는 것들의 비밀(R.E.D. Marketing)》에서 브랜드를 키우는 것은 CUO를 키우는 것과 동일하다고 말했다.[7] CUO는 그만큼이나 중요한 개념이다. 나이키는 CUO 또한 뛰어난 브랜드다. 언더아머와의 비교를 통해 알아보자.

언더아머가 2017년 우리나라에 첫 직진출 매장을 열 때만 해도 나이키를 비롯한 모든 경쟁사들이 크게 긴장했다. 해마다 20% 이상 초고속 성장을 하며 미국에서는 이미 핫한 브랜드로 자리매김한 언더아머였기에 우리나라 스포츠웨어 시장도 빠른 시일 내에 접수할 것처럼 보였다. 기자 간담회에서는 5~8년 안에 나이키를 따라잡고 1위 스포츠 브랜드가 되겠다는 포부까지 밝혔다.

언더아머 매장에 들어서면 다른 스포츠 브랜드와는 차별화된 마네킹이 손님을 맞이한다. 슬림한 패션모델 같은 타 브랜드 마네킹과는 다르게 역도 선수를 연상케 하는 근육질의 마네킹이 매장 곳곳에 있었다. 그 외에도 광고, 매장 디스플레이, 메시지 등에서 강한 남성성을 두드러지게 강조했다. 이러한 차별화와 전문성이 언더

그림 3-9 미국 아나폴리스에 위치한 언더아머 플래그십 스토어

아머의 발목을 잡을 줄은 그 당시에는 아무도 몰랐다. 언더아머는 어느새 '헬스할 때 입는 브랜드'로 한정된 것이다.

언더아머의 CUO가 얼마나 협소해졌는지를 잘 보여 주는 일화가 있다. 몇 년 전에 이재용 삼성전자 회장의 사진이 화제가 되었다. 언뜻 보면 특별할 것이 전혀 없는 사진이었다. 선글라스를 착용하고 피케 셔츠를 입은 평범한 모습이었다. 단 하나의 특이점이 있다면 언더아머를 입은 것이다. 언더아머를 입은 게 왜 특이할까? 헬스장에 갈 때만 입는, 헬스 매니아만 입어야 하는 언더아머를 기업인이 입었다고 화제가 된 것이다. 어느새부턴가 '3대 500 미만 언더아머 금지'라는 말이 유행하기 시작했다. 참고로 3대 500은 '스쿼트, 데드리프트, 벤치프레스 3대 운동 중량의 총합이 500kg에 달함'을 의미한다. 웬만한 일반인은 달성할 수 없는 기록이다. 언더아머는 바로 이런 사람만을 위한 브랜드가 되어 버린 것이다.

언더아머를
착용한 삼성전자
이재용 회장

이재용 회장이 나이키나 아디다스를 입었다면 화제가 되었을까? 아니었을 것이다. 언더아머였기 때문에 네티즌의 반응이 뜨거웠던 것이다. '이재용도 3대 500치나요?', '이재용은 3대 500억 원이라 괜찮습니다!'와 같은 댓글이 주를 이뤘다. 같은 소재라도 언더아머 로고만 붙으면 그 옷은 그 어떤 상황도 아닌 운동이라는 하나의 상황에서만 입을 수 있게 되었다. 언더아머는 단 하나의 카테고리 사용상황CUO만 갖게 된 것이다.

나이키는 이와 정반대다. 헬스장은 물론이고 러닝, 골프, 축구,

농구 등 다양한 운동을 할 때 나이키를 입는 것은 너무나도 자연스럽다. 운동하는 상황뿐만이 아니다. 일상생활, 심지어 복장 규정이 엄격한 회사가 아니라면 출근할 때도 큰 무리가 없다. 패션 센스가 남다른 연예인도 나이키를 믹스 매치해서 착용한다. 오히려 어느 상황에서 나이키를 입을 수 없을지를 고민하는 게 더 나을 정도다. 나이키의 CUO는 이처럼 무궁무진하게 확장하고 있다.

나이키처럼 CUO를 확장한 대표적인 브랜드로 룰루레몬을 꼽을 수 있다. 요가복 계의 샤넬이라고도 불리는 룰루레몬의 주력 제품은 레깅스다. 신체가 그대로 드러나는 옷의 특성상 요가나 명상할 때와 같이 특수한 상황에서만 입는 옷이었다. 수영복처럼 평상시에 입기에는 민망하다고 여겨졌다. 룰루레몬은 이에 굴하지 않았다. 사용 상황을 확장한 것이다. 룰루레몬의 레깅스는 집에서 입는 홈웨어, 동네를 돌아다닐 때 입는 '원마일웨어1 Mile wear'[IV]로 확장되었다. 심지어 학교나 회사까지 레깅스를 입고 가는 경우가 늘어나기 시작했다. 공공장소에서 레깅스를 착용하는 것이 적절한가에 대한 찬반 논란이 있을 정도로 룰루레몬의 CUO는 확장되었고 매출과 브랜드 가치 또한 증가했다.

다시 말해 나이키와 언더아머의 차이는 CUO의 차이라고도 볼 수 있다. 언더아머는 스포츠 중에서도 '헬스'라는 매우 한정된 CUO를 갖게 되었고, 나이키는 스포츠웨어를 벗어나 수많은 카테고리 사용 상황, 즉 무한한 CUO로 확장한 것이다. 이 차이가 고객이 브랜드

IV 집 근처 1마일 내에서 입을 수 있다고 여겨지는 편한 옷을 뜻한다.

그림 3-10 레깅스를 입고 출근하는 법에 대한 기사

를 경험하는 상황의 절대적인 차이를 만들어 냈고 이는 매출이라는 명확한 숫자로 드러났다.

물론 처음부터 CUO를 다양하게 가져가는 것은 위험할 수 있다. 반복해서 말하지만, 모두를 위한 모든 상황을 위한 마케팅은 그 누구에게도 그 어떤 상황에서도 매력적이지 않은 마케팅이 될 수 있기 때문이다. CUO도 마찬가지다. 배우 주현영은 SNL에서 어리바리한 인턴기자인 '주기자'라는 한 가지 캐릭터로 전 국민에게 본인을 각인시켰다. 이후 이를 바탕으로 수많은 캐릭터로 확장해 나갔다. 브랜드도 이와 마찬가지로 명확한 카테고리 사용 상황을 설정한 후 CUO를 끊임없이 확장해 나갈 필요가 있다. 현재 브랜드의 성장이 정체되어 있다면 CUO를 확인해 보고 확장해 보자.

'네'이밍 할 때 고려해야 할
'네' 가지

카피라이터가 아니더라도 마케팅을 하다 보면 네이밍을 해야만 하는 순간이 찾아온다. 크게는 새로 만든 브랜드나 상품의 이름부터 작게는 이벤트 제목까지. 다양한 상황에서 다양한 이유로 네이밍을 하게 된다. 문제는 마케터가 이에 대한 교육을 받는 경우가 매우 드물다는 데 있다. 영어영문학과 나왔으니까 영어 통번역을 하라고 한다든가, 컴퓨터공학과를 나왔다고 컴퓨터 수리를 하라고 하는 것과 비슷하다. 나 또한 마케팅을 하면서 어떻게 네이밍을 해야 하는지에 대한 그 어떤 교육도 받은 적이 없다. 마케터니까 응당 네이밍을 잘해야 한다는 일종의 압박감 속에서 묵묵히 했을 뿐이다.

좋은 이름이라는 게 사실 참 애매하다. 이름이 좋아서 괜찮아 보이는 것인지, 좋은 브랜드여서 좋은 이름처럼 보이는 것인지 헷갈리고 그 경계가 모호하다. 예를 들어 스타벅스라는 이름은 어떤가? 괜찮아 보이는가? 허먼 멜빌의 소설 《모비딕》에 등장하는 일등 항

해사 스타벅Starbuck의 이름에서 비롯되었다는 이야기를 들으면 더 멋져 보인다. 스타벅스에서 소설을 읽으며 커피 한 잔을 마시는 이상적인 고객의 모습이 머릿속에 생생히 그려지기도 한다. 멋진 이름 때문에 멋진 브랜드가 된 것 같다. 하지만, 알고 보면 사실은 조금 다르다. 하워드 슐츠가 쓴《Pour Your Heart into It(스타벅스, 커피 한 잔에 담긴 성공 신화)》에 따르면 원래 스타벅스라는 이름은 미국의 레이니어산에 있었던 광산촌의 이름인 스타보Starbo에서 비롯되었다.[8] 이를 공동 창업자 중 한 명인 제리 볼드윈Jerry Baldwin이 소설《모비딕》과 연계하여 의미를 부여한 것이다. 네이밍을 잘했다기보다는 의미 부여를 잘한 것이다.

스타벅스와 비슷한 사례는 수도 없이 많다. 우리나라 브랜드의 대표적인 예로 칠성사이다가 있다. 전 세계 1위 코카콜라의 스프라이트도 우리나라에서 맥을 못 추게 만드는 강력한 브랜드가 바로 칠성사이다이다. 70년 넘게 우리나라에서 독보적 1위를 차지하고 있다. 칠성은 밤하늘의 아름다운 북두칠성을 떠올리게 만든다. 낭만적이고 아름답다. 대중이 쉽게 기억할 수 있는 쉬운 이름이기도 하다. 음료수병과 캔에도 늘 빠짐없이 별이 부각되어 있다. 철저한 기획을 통해 잘 만든 네이밍처럼 보인다. 실상은 전혀 그렇지 않다. 유승재의 《히트의 탄생》에 따르면 칠성사이다는 창업자 7인의 성이 모두 달라 일곱 개의 성을 의미하는 '칠성七姓'사이다로 이름을 지었다고 한다.[9] 우리가 알고 있는 의미와는 전혀 다르다. 큰 고민 없이 지은 이름이다. 창업자가 5명이었다면 오성사이다, 2명이었다면 이성사이다가 될 수도 있지 않았을까? 나중에 '회사의 영원한 번영'을

그림 3-11 칠성사이다 인쇄 광고

바라며 칠성七星을 북두칠성의 칠성七星으로 바꾸어 새로운 의미를
부여했다. 스타벅스와 마찬가지로 꿈보다 해몽이 좋았다.

일본 콘텐츠 비즈니스에 일대 혁신을 가져온 '츠타야서점'도 마찬
가지다. 많은 이들이 일본 에도시대의 천재 프로듀서인 츠타야 주
자부로의 이름에서 따온 것으로 알고 있다. 기획력으로 각광받는 츠
타야서점이 천재 프로듀서의 이름에서 비롯되었다니! 대중이 열광
할 수밖에 없는 네이밍이다. 이렇게 보면 츠타야서점의 엄청난 기획
력이 반영된 네이밍처럼 보인다. 이쯤 되면 눈치챘겠지만, 이 또한
사실과 다르다. 마스다 무네아키의 《지적자본론》에 따르면 창업자
인 무네아키의 할아버지가 운영했던 유흥주점의 이름에서 따온 것
이다.[10] 유흥주점과 서점이라니. 너무나도 안 어울리지 않는가? 고
객들은 그럼에도 '츠타야서점'이라는 이름에 그들이 츠타야서점을

그림 3-12 도쿄 다이칸야마에 위치한 츠타야서점

사랑할 수밖에 없는 멋진 스토리와 의미를 뒤늦게 부여했다.

이처럼 성공한 브랜드의 이름은 꿈보다 해몽인 경우가 많다. 의미를 생각하고 이름을 짓기보다는 이름을 짓고 뒤늦게 멋진 의미를 부여하는 것이다. 네이밍은 장 폴 사르트르가 말한 인간의 실존과도 비슷해 보인다.

"*실존은 본질에 우선한다l'existence précède l'essence*"

컵과 같은 물건은 그것의 용도와 의미(본질)를 먼저 생각하고 난 이후에야 만들(실존) 수 있다. 사람은 다르다. 우리는 일단 세상에 태어나고(실존) 그 후에 삶의 의미(본질)를 스스로 찾기 시작한다. 지금까지 말한 네이밍과 비슷하지 않은가?

이렇게 말하면 네이밍은 아무렇게나 해도 되는 것처럼 보인다. 어떤 꿈을 꾸어도 해몽만 잘하면 꿈이 그럴싸해 보이는 것처럼 말이다. 그럼에도 불구하고 네이밍은 중요하다고 생각한다. 마케팅의 협소한 정의인 '잘 알리고' '원하게(믿게)' 만드는 데 도움은커녕 걸림돌이 되는 네이밍이면 안 되기 때문이다. 꿈이 개판이면 해몽도 한계가 있다. 걸림돌이 되지 않고, 더 나아가 좋은 네이밍이 되기 위해서는 네 가지를 고려해야 한다. 실제 사례와 함께 알아보자.

어느 날 친한 친구로부터 연락이 왔다. '나 병원을 개원하려고 하는데 이름을 뭐라고 할까?' 지금껏 수많은 네이밍을 해 왔지만 다소 부담이 되었다. 연고도 없는 부산에 큰돈을 들여 병원을 개원하는 친구에게는 일생일대의 프로젝트였기 때문이다. 의사들이 하는 말 중 VIP 신드롬이라는 용어가 있다. 지인이나 중요한 사람을 수술할 때 더 잘하려다가 오히려 수술 결과가 더 나빠지는 현상을 일컫는 말이다. 네이밍도 이와 비슷할 것 같았다. 이를 방지하기 위해 최대한 힘을 빼고 네이밍의 본질을 다시 생각해 보면서 진행하기로 했다.

이름은 그것이 불릴 대상의 본질로부터 출발해야 한다. 아무리 멋들어진 이름이라도 불릴 대상과 괴리가 발생하면 그 네이밍은 실패했다고 봐도 무방하다. 반대로 강호동은 누가 봐도 강호동, 이효리는 누가 봐도 이효리인 것처럼 말이다. 네이밍의 대상인 병원, 궁극적으로는 설립자이자 대표 원장인 친구로부터 시작을 해 보기로 했다. 고민 끝에 딱 두 가지를 추출했다. 그의 이름인 '송한결'과 그가 졸업한 학교인 '연세대학교'였다. 이를 재료로 해서 좋은 네이밍의 네 가지 요소로 요리를 해 보기로 했다.

> 1. 쉽게 기억할 수 있는 '기억 용이성'
> 2. 카테고리의 '대표 속성' (병원업에서는 '신뢰도'가 가장 중요하다고 보았다)
> 3. 타 병원과 구별되는 '차별성'
> 4. 여러 상황에서 다양하게 변주해서 사용할 수 있는 '확장성'

'연세 결 성형외과'라는 이름은 그렇게 완성되었다. 연세대학교의 '연세'는 대한민국 사람이라면 대부분 '인지'하고 또한 '신뢰'하는 이름이다. 1번 '기억 용이성'과 2번 '대표 속성'을 충족시킬 수 있다고 생각했다. 친구의 이름 중 '결'이라는 글자는 타 성형외과에서 잘 쓰지 않아 차별적이면서 다양하게 변주해서 사용할 수 있는 확장성이 있었다. 3번 '차별성'과 4번 '확장성'을 고루 충족하는 한 글자였다 (참고로 '김영모과자점'과 같이 창업자의 이름을 그대로 활용하면 2번 신뢰도에도 큰 도움이 된다). '결'을 활용해서 만들 수 있는 슬로건과 메시지는 무궁무진하다.

'결'과로 말하는 연세 결 성형외과

'결'론은 연세 결 성형외과

아름다움의 '결'이 다른 연세 결 성형외과

네이밍만의 이유는 아니겠지만 친구의 병원은 환자들의 입소문을 타면서 부산에서 인기 있고 유명한 성형외과로 빠르게 자리 잡았다. 친구의 진심만큼 앞으로도 좋은 '결'과로 보답하는 연세 '결' 성형외과로 남아 주길 바라는 마음이다.

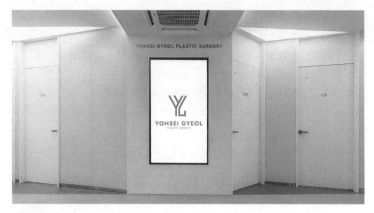

그림 3-13 부산 서면에 위치한 연세 결 성형외과

　네이밍이라는 것은 앞서 말한 것처럼 꿈보다 해몽일 수 있다. 하지만 '기억 용이성', '업의 대표 속성', '차별성', '확장성'이 배제된 이름이라면 해몽조차 힘들다. '네'이밍을 할 때 '네' 가지를 기억한다면 해몽에 기대지 않아도 될 좋은 이름을 만들 수 있을 것이다.

어떻게 하면 마케팅을 잘할 수 있을까요?

Q. 사람들이 제품을 오랫동안 찾게 만들기 위한 마케팅 전략은 무엇인 가요?

이 질문에 대한 답변은 어떠한 제품과 서비스냐에 따라 달라질 것 같아요. 예를 들어 고객이 화장지를 지속해서 사는 것과 핸드폰을 지속해서 사는 것은 다른 이유일 테니 말이죠. 여러분에게 역으로 질문을 해 볼게요. 어 떤 브랜드를 오랫동안 찾고 있나요? 왜 지속적으로 그 브랜드를 찾고 있 나요? 이 질문에 대한 답이 마케팅 전략의 출발점이 될 거라고 봐요.

강호동이라는 사업가가 마케팅은 사게 하는 것이고 브랜딩은 사랑받는 것이라고 이야기했는데, 점점 더 많은 기업이 브랜딩에 집중하는 것이 그 이유 때문인 것 같습니다. 제품을 오랫동안 찾게 만든다는 것은 '논리'가 아닌 '감성', 더 나아가 고객의 인식을 바꾸는 작업이니까요. 필요한 제품 은 때에 따라 바꿀 수 있지만 사랑하는 제품은 꾸준히 찾을 수밖에 없잖 아요. 이에 대해서 '팬덤 마케팅', '부족(Tribe)을 만들어라', '커뮤니티를 형 성하라'와 같은 다양한 말과 방법론이 나오는데 결론은 동일한 것 같아요. 필요해서 사는 브랜드가 아니라 사랑해서 사는 브랜드를 만들라는 거죠. 그러기 위해서는 의미를 만들어야 하고요.

장 보드리야르라는 철학자는 50년도 전에 이를 예상했어요. 물질의 소 비로부터 의미의 소비로 변할 거라고요. 물질을 먹다 보면 어느 순간 배가 불러서 욕망이 소멸하지만, 의미는 아무리 먹어도 배가 부르지 않아서 욕 망이 소멸하지 않는다는 거죠.[11] 보드리야르는 이를 비판적인 맥락으로 이 야기했는데 이미 그러한 사회가 되었죠. 사랑받는 브랜드는 그가 예견한 대로 의미의 소비를 추구하고 있어요.

Q. 국내 기업이 해외로 진출할 때 해외 시장에서의 마케팅 전략에 있어 서 중요한 점은 무엇인가요? 국내 시장과는 다르게 고려해야 할 부 분이 있다면 무엇인가요?

마케팅 전략을 짤 때 다양한 방법이 있지만 기본적으로 '자사, 경쟁사, 고객'을 분석하는 3C 분석을 하고 나서 그에 따라 '세분화하고, 타깃팅하고, 포지셔닝을 하는' STP를 하고, 마지막으로 '제품, 가격, 유통, 홍보'를 적절히 구성하는 4P를 믹스하는 것이 실무에선 가장 일반적입니다(2장 '마케팅의 첫 단추: 기획' 참조). 국내건 해외건 상관없이 기본적으로 사용하는 방법이죠. 분석 방법은 동일한 것이죠.

다른 점이 있다면 분석 대상이죠. 나라에 따라 고객의 성향도 달라지겠죠? 또한 우리나라에서는 합법적인 일이 해외에서는 불법이 될 수도 있고요. 법을 어기지는 않더라도 문화나 관습이 달라서 의도치 않게 고객들의 기분을 상하게 할 수도 있으니 주의해야 하고요.

마케팅 이야기는 아니지만 제가 중국 출장을 갔을 때 평소처럼 음식을 남김없이 먹으니 상대가 당황하더라고요. 계속 음식이 부족하냐고 저에게 물어봤는데 뒤늦게 식사 예절이 다르다는 것을 알았습니다. 우리나라에서는 음식을 남기지 않는 게 예절인데, 중국에서는 살짝 남기는 게 예절이라고 하더라고요. 손님이 음식을 남길 정도로 많은 양의 음식을 주인이 제공했다는 생각이 들게 배려하는 거죠(요새는 중국도 음식을 남기지 않는 추세로 가고 있다고는 합니다). 아무튼 전혀 몰랐던 사실이었습니다. 이처럼 우리나라와는 다른 문화, 관습, 법 등을 충분히 고려할 필요가 있다고 생각합니다.

Q. 내러티브 마케팅에 대한 조사를 해 보던 중 '소비자는 제품이 아닌 서사를 원한다'는 문구를 본 적이 있는데 이 말에 동의하시는지, 어떻게 바라보시는지 궁금합니다.

내러티브와 스토리를 엄밀하게 구분하면 다르겠지만 일단 우리가 흔히 이해하는 '이야기'라는 의미로 모두 포괄해서 말해 볼게요. 질문에 대한 답은 상품과 서비스에 따라 다를 것 같습니다. 다만 특정 상품군에는 맞는 이야기라고 생각합니다. 브랜딩에 있어서 '서사'는 필수적이기도 하고요. 여러분이 좋아하는 '애플', '나이키' 모두 서사가 있습니다. 애플은 다르게 생각하는 것(Think Different), 나이키는 일단 해 보는 것(Just Do It)으로 대표되는 서사요.

대표적인 브랜드로 발뮤다가 떠오르네요. 발뮤다의 대표는 상품이 아닌

'멋진 인생을 판다'라고 말했습니다. 사람들은 발뮤다의 제품 그 자체가 아닌 발뮤다가 전하는 이야기를 구매하는 것이죠. 그러기에 선풍기를 50만 원이나 주고 구매하지 않나 싶습니다. 저도 발뮤다의 서사에 빠져서 전기 포트를 샀어요. 컵라면 먹을 때나 쓰는데 굳이 10만 원이 넘는 발뮤다 전기포트를 산 거죠.

패션 브랜드가 특히 그런 것 같아요. 같은 소재임에도 불구하고 가격은 수십 배에서 수백 배까지도 차이가 나잖아요? 그게 다 서사로 쌓아 올린 가치가 아닐지 싶어요. 한번 잘 나가는 패션 브랜드의 상세 페이지를 살펴보세요. 기능보다는 서사에 집중하고 있음을 알 수 있을 거예요.

Q. 현재 트렌드인 마케팅 전략을 그대로 유지하는 것과 새로운 스타일을 시도하는 것 중 어떤 것을 선호하시나요? 그리고 어떤 것이 더 효과적일까요?

기법은 변해도 전략은 변하지 않는다고 생각해요. 예를 들어 좋은 가수가 되기 위해서 '노래를 잘하는 사람'이 되는 것은 변치 않는 전략이지만, 시대에 따라서 고음을 잘 부르는 사람, 말하듯 덤덤하게 부르는 사람 등 노래를 잘한다는 것의 기준이 미묘하게 달라지잖아요. 이처럼 전략은 변하지 않지만 트렌드에 맞게 전술은 바꿀 필요가 있다고 생각해요.

필립 코틀러의 표현을 빌리자면 '고객 가치를 탐구하고, 창출하며, 전달하는' 최적의 방법을 고려하는 것은 변치 않겠지만, 세세한 기술이나 방법은 달라질 수 있죠. 최신 기법이 나온다면 늘 시험해 보고 그것의 효과를 직접 판단할 필요가 있다고 생각합니다. 질문에 대한 답은 '둘 다'입니다.

Q. 자신의 브랜드나 자신만의 강점을 효과적으로 차별화하여 마케팅하려면 어떻게 해야 할까요?

당연한 말이지만 일단 자신의 강점을 잘 파악해야겠지요? 생각보다 많은 브랜드가 자신의 강점을 잘 모르더라고요. 본인이 생각하는 강점과 고객이 생각하는 강점이 다른 경우가 정말 많아요. 브랜딩의 아버지라 불리는 데이비드 아커의 표현을 빌리자면 기업이 추구하는 브랜드 이미지인 '브랜드 아이덴티티(Brand Identity)'와 고객이 생각하는 '브랜드 이미지(Brand Image)'가 다른 것이죠. 이때는 둘 간의 간극을 최대한 긍정적인 방향으로 빠르게 좁힐 필요가 있어요. 이를 세 글자로 '브랜딩'이라고도 하고요.

최근에 미국에서 가장 유명한 스타트업 브랜딩 회사인 레드 앤틀러(Red Antler)의 창업자인 에밀리 헤이워드(Emily Heyward)와 이메일을 주고받을 일이 있었어요. 브랜딩에 있어서 가장 중요한 것이 무엇인지 물어봤는데 진정성(Authenticity), 명확한 목적(Clarity of Purpose), 메시지(Message), 한 가지에 집중하는 것(Focus)이라는 답변을 들었죠.

네 가지 요소 모두 '하나'라는 말로 요약할 수 있을 것 같아요. 예를 들어 '육아'하면 오은영, '장사'하면 백종원, '강아지' 하면 강형욱이 떠오르잖아요. 이분들 모두 네 가지 요소가 분명하게 하나로 집중되는 것이죠. 말하고 싶은 것이 많아도 하나로 추릴 필요가 있어요. 여러분의 강점을 '단 하나'로 잘 잡을 필요가 있을 것 같아요. 아 맞다. 일단 자신의 강점이 무엇인지는 제대로 파악해야겠죠?

Q. 만약 노이즈 마케팅을 사용하려고 한다면, 언제, 어떤 식으로 사용해야 될까요?

사실 저는 엄밀한 의미에서 노이즈 마케팅을 해 본 적이 없어서 잘 모르겠네요. 대기업에 있을 때는 부정적 여론이 형성될 수 있는 그 어떤 것도 꺼리는 문화가 있어서 해 보지 않았고요. 창업하고 나서도 대기업에서 일하면서 굳어진 성향 때문인지는 몰라도 딱히 노이즈 마케팅을 해 본 적은 없는 것 같아요.

노이즈 마케팅은 주로 작은 기업이 하죠. 적은 돈으로 큰 목소리를 낼 수 있는 방법이니까요. 노이즈 마케팅은 기본적으로 자극적이어야 합니다. 저는 그 자극이 그래도 긍정적인 자극이었으면 해요. 예를 들어 모든 패션 회사가 옷을 한 벌이라도 더 팔기 위해 노력할 때 '우리 회사의 재킷을 사지 마세요(Don't buy this jacket)'라고 광고를 하는 파타고니아처럼 말이죠. 그들은 환경을 생각한다면 새 옷을 사기보다 기존의 옷을 수선해서 입으라고 말하죠. 이런 노이즈 마케팅이라면 자극적이면서도 충분히 긍정적이지 않을까 싶네요.

Q. 인플루언서를 통한 매스 미디어 마케팅을 긍정적으로 바라보시는 편인가요?

이 질문에 대해 긍정과 부정으로 답하는 것은 애매한 것 같네요. 이미 거스를 수 없는 현실이 되기도 했고요. 긍정과 부정으로 물어본 이유는 아마도 인플루언서의 뒷광고 논란이라든지 허위, 사기 광고를 염두에 두신 것 같은데 이 부분은 당연히 부정적으로 봅니다. 다만 예전에 TV에 나오는 배우나 가수가 하던 광고를 유튜버, 틱톡커가 대체하고 있는 현상에 대해서 물어보는 것이라면 긍정과 부정으로 답할 문제는 아니라고 봅니다. 가치 판단의 문제는 아닌 것이죠.

앤디 워홀이 먼 훗날에는 모두가 15분 동안 전 세계적으로 유명해질 것이라고 말했었는데, 이러한 시대가 점점 빠르게 다가오는 것 같아요. 앞으로는 전 국민의 초단기 인플루언서화가 현실이 되지 않을까 싶어요. 옆집 친구가 광고에 나오고 그러한 광고를 보고 물건을 구매하는 것이 자연스러운 시대가 오지 않을까 생각해 봅니다.

Q. 마케팅의 성공과 실패를 가르는 주요 원인은 무엇인가요?

사실 너무나도 많은 요소가 있겠죠. 운도 크게 작용하고요. 완벽한 마케팅도 운이 좋지 않으면 실패할 수밖에 없어요. 예를 들어 대대적인 오프라인 마케팅을 기획해서 진행하고 있는데 코로나가 터지면 어쩔 수 없잖아요. 반대로 코로나 시기 초반에 마스크를 마케팅했다고 하면 사실 그 누가 마케팅해도 성공했겠죠.

원론적인 이야기일 수 있지만 마케팅의 성패를 상품 관점에서 말하면 차별화가 핵심인 것 같습니다. 홍성태 교수의 말을 빌리면 더 나은 것(Better)보다는 최초이거나(First), 유일하거나(Only), 최고(Best)인 게 나은데, 이 모든 것을 '차별화'라는 세 글자로 묶을 수 있죠.

성공한 사업가분과 최근에 식사를 했는데 제게 비슷한 말씀을 하셨어요. 사업을 성공하려면 '더 나은(Better)'이 아니라 '다른(Different)'에 집중해야 한다고요. 여러분도 '차별화'를 잊지 말기를 바라요. 베스트(Best)보다는 하나의 장르(One of a Kind)가 되기를 바랄게요.

CHAPTER 4

마케터의
레벨 업

성장은 절대로 직선이 아니다.

— 작자 미상

좋은 마케터의
세 가지 유형

"좋은 마케터는 어떤 사람이라고 생각하세요?"

배울 점이 많다고 생각한 인턴 친구의 마지막 출근 날이었다. 회사 근처 갈비탕 전문점에서 같이 점심을 먹는데, 그녀의 평이해 보이는 이 질문에 속 시원한 대답을 해 줄 수 없었다. 그 자리에서는 원론적으로 예술적인 감각Art과 과학적인 논리Science를 모두 갖춘 사람이라고 답을 해 주었으나 스스로도 만족스럽지 않았다. 그날 이후 며칠 동안 이 질문에 대해 고민을 하게 되었다.

그러다 문득 리스펙(존중이라는 말은 무겁게 느껴져서 잘 안 쓰는 편이다)하는 선후배 마케터들의 모습이 떠올랐다. 그들의 특징에 대해 곰곰이 생각해 보니 좋은 마케터는 크게 세 가지 유형으로 나눌 수 있었다.

철학자 Philosopher

첫 번째 유형은 철학자다. 이 유형의 마케터는 패러다임을 바꾸는 인상적인 마케팅을 보여 준다. 조지프 슘페터 Joseph Alois Schumpeter가 말한 창조적 파괴 Schöpferische Zerstörung[I]를 마케팅에서 보여 주는 것이다. 쉽게 말해 기존의 마케팅 성공 공식을 파괴하면서 자신만의 새로운 마케팅 성공 방정식을 창조하는 사람들이다.

어떻게 하면 철학자 유형의 마케터가 될 수 있을까? 그전에 먼저 '철학'이 무엇인지 알아보자. 네이버 국어사전에 따르면 '인간과 세계에 대한 근본 원리와 삶의 본질 따위를 연구하는 학문. 흔히 인식, 존재, 가치의 세 기준에 따라 하위 분야를 나눌 수 있다.'

다소 어렵다. 사전적 정의로는 많은 사람들이 쉽게 이해하기는 힘들 것 같다. 정확도는 조금 떨어지지만, 쉽게 이해하기 위해 내가 《비행독서》에서 정의한 철학을 알아보자.

> 철학을 뜻하는 영어 *philosophy*는 고대 그리스어 *philein sophia*에서 온 것으로, '사랑'을 뜻하는 'philein'과 '지혜'를 뜻하는 'sophia'가 합쳐진 말입니다. 즉 '지혜를 사랑하는 학문'이라는 뜻입니다. 세상과 나 자신을 조금 더 알고 싶고 그를 통해 조금 더 나은 세상과 나를 꿈꾸는 행위가 철학인 것입니다.[1]

I 새로운 혁신이 기존의 혁신을 낡은 것으로 만들고 대체하는 과정을 일컫는 경제학 개념이다. 조지프 슘페터가 카를 마르크스의 이론에서 차용한 것으로 경제 혁신과 경기 순환 이론으로 유명해지게 되었다. 슘페터의 돌풍이라고도 불린다.

철학은 지혜를 사랑하는 학문이고 철학자는 지혜를 사랑하는 사람이라고 요약할 수 있다. 철학자형의 마케터가 되기 위해서는 송나라의 구양수가 말한 '다독, 다작, 다상량[II]'이 도움이 된다. 즉 '많이 읽고' '많이 써 보며' '많이 생각하고 피드백을 받는' 행위를 통해 사고력을 높여 철학자가 되는 것이다. 대표적인 방법으로는 지금 이 책처럼 본인이 하는 일을 글로 정리하고 독자의 피드백을 받아 사고력을 높여 보는 것이다. '당신의 삶을 변화시킬 가능성이 가장 높은 책은 바로 당신이 쓴 책이다.'라는 세스 고딘의 말처럼 말이다.[26]

트렌드 세터Trend-Setter

두 번째 유형은 트렌드 세터다. 상당수의 사람들은 이러한 유형을 보고 마케터를 꿈꾸지 않나 싶다. 이 유형은 현재의 패러다임 내에서 가장 세련되고 감각적인 마케팅을 선보인다. 철학자 유형의 마케터가 창조적Creative이라면 이들은 신선하다Fresh.

이 유형은 마케터와 비非마케터를 명확히 구분하기 힘든 것이 특징이다. 트렌드 세터가 마케터의 자질을 갖추어 마케터형 트렌트 세터가 되기도 하고, 반대로 마케터가 트렌드 세터의 감각을 흡수해서 트렌드 세터형 마케터가 되기도 한다. SNS에서 많은 팔로워를 보유한 인플루언서들이 이 모호한 경계를 오가는 대표적인 사람들이다.

트렌드 세터형은 피에르 부르디외Pierre Bourdieu가 말한 '문화자본'에

II '다독(多讀), 다작(多作), 다상량(多商量)'은 중국어 원문으로는 看多(간다), 做多(주다), 商量多(상량다)이다.

큰 영향을 받는다. 후천적 노력보다는 타고나는 것이 가장 큰 유형인 것이다. 공부를 하면 할수록 지식은 늘어나고, 일을 하면 할수록 부^富는 늘어날 확률이 높다. '문화자본'은 청개구리 같아서 지식과 부와는 다르게 노력과 결과가 반비례하는 경향성을 띤다고 한다. 노력한 티가 나는 패션과 예술이 멋지지 않은 것처럼 말이다. 피에르 부르디외의 표현을 빌리자면 문화자본을 습득하려고 생각하는 것 자체가 그 생각을 하는 이가 접하는 모든 대상을 '비문화적인 것'으로 변질시킨다.[2]

패션 회사에서 본 트렌드 세터형 마케터들도 집안 자체가 예술가 집안이거나, 어렸을 때부터 패션에 관심이 많은(혹은 그럴 수 있는 부유한 집안) 경우가 대부분이었다. 어렸을 때부터 무의식, 무의도적으로 문화자본을 습득한 것이다.

트렌드 세터형 마케터는 피에르 부르디외가 말한 문화자본처럼 아무나 될 수 있는 게 아닌 것일까? 꼭 그런 것은 아니라고 생각한다. 후천적으로도 어느 정도까지는 자질을 키울 수 있음을 직간접적으로 경험했다. 트렌드에 지속적으로 스스로를 노출하고, 트렌드 세터를 직간접적으로 따라 해 보는 것이다. '사람은 공간을 만들고, 공간은 사람을 만든다'라는 윈스턴 처칠^{Winston Churchill}의 말처럼 그리고 '당신이 가장 많이 어울리는 다섯 사람의 평균이 당신이다'라는 짐 론^{Jim Rohn}의 말처럼 스스로가 트렌드 세터가 될 수 있는 환경을 만들어 보는 것이다. 무의식, 무의도적으로 트렌드를 만들 수 있는 환경을 만들면 트렌드 세터형 마케터의 자질을 어느 정도까지는 자연스럽게 기를 수 있다고 생각한다.

수학자 Mathematician

세 번째 유형은 수학자이다. 이 유형은 최근 몇 년 사이에 가장 핫해진 이른바 퍼포먼스 마케팅에서 두각을 나타내는 마케터다.

퍼포먼스 마케팅은 '숫자 감각'이 핵심이다. 1억 원의 광고비를 썼을 때 '얼마나 많은 사람에게 광고가 보일지(도달)', '얼마나 많은 사람이 클릭할지(클릭률)' 그리고 '얼마나 많은 사람이 구매를 할지(전환율)' 등이 머릿속에 숫자로 바로 떠올라야 한다. 반대의 경우도 마찬가지다. 숫자만 보고 고객의 행동을 머릿속에 바로 그릴 수 있어야 한다.

수학자형 마케터는 광고비와 광고 소재 그리고 타깃만 들어도 머릿속에 대략의 숫자를 그릴 수 있고 이를 바탕으로 캠페인을 설계할 수 있다. 더 나아가 마케팅을 진행하면서 숫자만 보고 어느 단계에 문제가 있는지를 파악해서 캠페인을 최적화하는 능력까지 갖추고 있다.

수학자형 마케터에게는 무엇보다도 높은 경험치가 중요하다. 퍼포먼스 마케팅을 하면 할수록 이러한 숫자 감각이 점점 나아지는 경향성을 보이기 때문이다. 다른 말로 욕을 먹는 양에 비례하여 숫자 감각이 늘어난다. 내가 그랬다. 기존에 다른 사람이 진행했던 퍼포먼스 마케팅 리포트를 보면서 숫자가 어떻게 이야기를 만들어 내는지 그리고 이야기가 어떻게 숫자로 나타나는지 공부해 보는 것이 큰 도움이 된다.

좋은 마케터를 세 가지 유형으로 나누어 봤다. 엄밀한 구분은 아닐 수 있지만, 이 중에 나는 어떠한 유형의 마케터에 가장 잘 어울릴지 고민해 보면 어느 정도는 도움이 될 것이다. 세 가지 유형의 모든 자질을 갖추면 더할 나위가 없겠지만, 그것이 힘들다면 단점을 보강하기보다는 장점을 극대화하는 게 더 유리할 것이다.

좋은 마케터는
청개구리

프로듀서 겸 래퍼인 기리보이가 프로듀싱한 〈Flex〉라는 노래가 있다. 청량한 멜로디라 여름에 종종 듣곤 하는데 늘 떠오르는 이미지가 있다. 청개구리다. 후렴구에 반복되는 '여름엔 덥게, 겨울엔 춥게'라는 가사를 들으면 어미 청개구리의 말을 전혀 듣지 않고 항상 반대로하는 청개구리의 모습이 떠오른다.

기리보이가
프로듀싱한
〈Flex〉 뮤직비디오

내가 어렸을 때만 해도 청개구리 같다는 말은 비난에 가까웠다. 사회 부적응자를 순화해서 일컫는 말이랄까? 부정적인 뉘앙스가 있는 말이었다. 요새는 어떨까? 여전히 부정적인 뉘앙스가 있을 수 있지만 창의적인 사람의 태도로도 여겨지지 않나 싶다. 세상을 뒤바꾼 두 명의 청개구리 예술가를 통해 이를 한번 알아보자.

미술가는 어떤 사람인가? '미술 작품을 창작하는 사람'이다. 이를 청개구리식으로 보면 어떻게 될까? '미술 작품을 창작하지 않는 사

그림 4-1 마르셀 뒤샹의 <샘(Fountain)>, 1917년.

람'이 될 것이다. 마르셀 뒤샹Marcel Duchamp이 바로 그런 미술가다. 공
장에서 대량 생산된 소변기 중 하나를 선택하여 서명을 한 뒤 출품
했다. 레디 메이드ready-madeⅢ라는 개념의 신호탄이 된 그 유명한 <샘
Fountain>이라는 작품이다. 그에 의해 현대미술가는 '선택하고, 이름
을 붙이고, 새로운 견해를 제시하는 사람'이 되었다.[3]

피아니스트는 또 어떤가? 말 그대로 '피아노를 연주하는 사람'이
다. 청개구리라면 어떻게 생각할까? 맞다. '피아노를 연주하지 않는
사람'이다. 존 케이지John Cage의 <4'33">가 딱 그런 작품이다. 연주자

Ⅲ 본래의 도구적 기능이나 목적을 박탈하고 예술적 가치를 부여한 기성품을 의미한다.

는 피아노 커버를 열고 4분 33초 동안 피아노 앞에 가만히 앉아 있는다. 아무런 연주도 하지 않는다. 피아노 소리의 빈자리는 관객의 기침 소리, 침 넘기는 소리 등이 메운다. 공연에 따라 미세하게 다른 작품이 탄생하는 것이다. 존 케이지로 인해 피아노 연주가는 '의도한 소리뿐만 아니라 의도하지 않은 세상의 모든 소리까지 연주하는 사람'이 되었다.

마르셀 뒤샹과 존 케이지는 이처럼 기존의 관념을 청개구리처럼 180도 바꾸어 놓았다. 이를 통해 미술과 음악의 역사에 길이 남을 창의적인 작품을 만들어 냈다. 뉴진스를 만든 민희진 대표도 비슷하다. tvN의 〈유퀴즈 온 더 블록〉에 출연한 그녀는 헤겔Georg Wilhelm

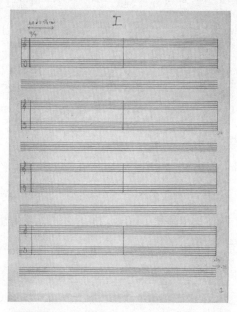

그림 4-2 오선지에 아무것도 그려져 있지 않은 존 케이지의 <4'33"> 악보

Friedrich Hegel의 '정-반-합'[IV]을 이야기했다. 이를 아주 간단히 설명하면 '정'은 기존의 질서, '반'은 청개구리처럼 반대로 하는 것, '합'은 이 둘의 충돌을 통해 만들어진 새로운 질서다. 민희진도 알고 있는 것이다. 대중을 사로잡기 위해서는 '반'을 통해 새로운 '합'을 만들어야 함을 말이다. 즉, 좋은 마케터는 청개구리여야 한다는 것을 말이다.

삼성물산 패션부문에서 남성복(주로 '정장'을 의미) 마케팅을 담당할 때였다. 그 당시 남성복 업계에서는 불문율처럼 여겨지는 말이 있었다. '남성복은 멋있는 것이 최우선이다. 그리고 멋있는 옷은 불편할 수밖에 없다.' 패션에 큰 관심이 없던 나는 이해하기 힘들었지만 모든 사람이 그렇게 말하고 믿고 있으니 그냥 따랐던 것 같다.

그러던 어느 날 남성복 마케팅팀에 새로운 사람이 입사를 했다. 첫인상은 나와 비슷하게 패션에 큰 관심이 있어 보이지는 않았다. 나와 다른 점이 있다면 불문율을 따르지 않으려 했다는 점이었다. '옷은 무조건 편해야 한다. 남성복 또한 예외가 아니다.'라는 새로운 불문율을 만들고자 하는 듯했다. 남성복팀에 나타난 청개구리였다. 그의 생각과 주장은 마케팅팀뿐만 아니라 디자인, 상품기획팀의 반발을 샀다. 그는 위축되지 않았다. 우직하게 밀고 나갔다. 편안함을 최우선으로 하고 멋있음을 2순위로 내린 전략을 내세웠다. 편리하고, 편안하고, 실용적인 로가디스 스마트 슈트는 그렇게 탄생했다(당시에 현빈이 모델이어서 멋있음을 따로 강조할 필요도 없긴 했다).

IV 헤겔의 변증법으로 많이 알려진 '정(These)-반(Antithese)-합(Synthese)'은 하인리히 모리츠 살리베우스가 헤겔의 철학을 단순명료하게 도식화한 것이다.

이후에 경쟁사에서도 잇따라 '편안함'
을 최우선으로 강조하는 남성복 및 광
고를 선보였다. 기존의 불문율은 깨지

로가디스
스마트슈트
영상 광고

고 남성복 시장은 새로운 단계로 접어들었다. 청개구리 마케터가
남성복의 판도를 뒤집은 것이다.

금융업계의 청개구리로는 토스가 있다. '금융은 어렵고 재미없다'
는 모두의 고정관념을 180도 바꾸어 놓았기 때문이다. 토스는 먼저
딱딱하고 어려운 금융 용어부터 바꾸어 나갔다. 입금, 송금, 저금,
대출 등의 한자어를 각각 채우기, 보내기, 모으기, 빌리기와 같이
친근하고 쉬운 순우리말로 바꾸었다. 이뿐만이 아니다. 명확·간결·

그림 4-3 토스의 UX 라이팅 원칙 예시

친근·존중·공감이라는 다섯 가지 UX 라이팅[V] 코어밸류를 기반으로 고객에 향하는 모든 메시지를 간단명료하게 바꾸었다. 어렵고 재미없는 용어를 모조리 제거하거나 수정했다. 별것 아니지만 별게 돼버린 혁신이었다.

행운 퀴즈, 만보기와 같은 온라인 이벤트 또한 기존의 금융회사에게서 기대하기 힘든 참신하고 재밌는 이벤트였다. 이후로 모든 금융회사는 토스를 따라 하기 시작했다. 어렵고 재미없는 금융회사는 살아남기 힘들어졌다. 금융업이 바뀌기 시작한 것이다.

우리들이 잘 아는 '가을은 독서의 계절'도 청개구리의 작품이다. 원래 가을은 독서의 계절이 아니었다. 정반대로 책이 가장 안 팔리고 책을 가장 안 읽는 계절이었다. 가을은 '단풍놀이의 계절'이 아니던가? 보통 마케터라면 가격 할인 혹은 대대적인 프로모션으로 부족한 판매량을 조금이나마 보완하려고 노력했을 것이다. 청개구리 마케터는 달랐다. 사람들이 책을 제일 안 읽는 계절을 책을 읽는 계절이라고 못 박아 둔 것이다. 정반대로 접근한 것이다. 그리고 서서히 사람들의 머릿속에는 '가을 = 독서'라는 인식이 자리 잡게 되었다.[4]

좋은 마케터는 이처럼 청개구리다. '원래 그런 거야', '그렇게 해야만 해'라는 말에 반기를 드는 청개구리다. 기존의 관념을 180도 틀어서 행동하는 청개구리다. 업계를 그리고 세상을 바꾸는 청개구리다.

V   사용자 경험(User Experience, UX) 향상을 위해 디지털 서비스의 다양한 텍스트 표현(타이틀, 버튼, 알림, 경고 등)을 만드는 과정이다.

좋은 마케터는
프레시하다

나는 힙합을 좋아한다. 어렸을 때 서태지와 아이들, 듀스의 음악을 들으며 랩이라는 것을 처음으로 알게 되었다. 랩에 흥미를 느끼니 자연스레 미국 본토 힙합 음악을 듣기 시작했고, 힙합의 역사도 공부하게 되었다. 더 나아가 힙합 음악을 만드는 방식도 공부하게 되었는데 놀라운 사실을 알게 되었다. 대부분 20~30년 전에 음악의 멜로디나 연주를 샘플링^{sampling VI}해서 곡을 만드는 것이었다. 힙합은 나에게 그야말로 새로운 것, 'new thing'이었는데, 알고 보니 오래된 것, 'old thing'이었던 것이다. 이 또한 나의 오해라는 것을 뒤늦게 알게 되었지만.

일본의 사상가 사사키 아타루는 《이 나날의 돌림노래》에서 힙합은 'new'가 아닌 'fresh'라고 명확하게 못을 박았다.[5] 존경심을 담아

VI   기존에 있던 곡의 일부 음원을 잘라내 새롭게 가공하고 배치하는 행위이다.

선조가 남긴 유산을 계승하여 다음 세계로 나아가는 'fresh'라고 말이다. '옛것으로 들어가, 새것으로 나온다'라는 뜻의 입고출신入古出新과 같은 맥락의 말이다. 마케터는 이 점을 명심할 필요가 있다. 우리가 새롭다고 느끼는 콘텐츠와 마케팅도 이러한 입고출신을 따르는 경우가 대부분이기 때문이다.

터키즈 온 더 블럭과 오타 광고의 공통점

코미디언 이용진이 진행했던 〈터키즈 온 더 블럭〉은 〈유퀴즈 온 더 블럭〉의 패러디이자 웹 예능으로 엄청난 인기를 구가했었다. 이용진의 재치 있는 진행과 파격적인 질문 그리고 B급 감성이 웃음의 삼위일체를 이루며 회당 유튜브 조회수 100만 이상을 기록했다. 신기루가 출연한 에피소드는 심지어 1,000만에 육박하는 조회수를 기록하기까지 했다.

이 프로그램에는 한 가지 독특한 점이 있다. 작가의 웃음소리가 주기적으로 크게 들린다는 점이다. 스태프의 목소리가 녹음되지 않도록 조심조심했던 기존의 방송과는 다르게 스태프의 웃음소리가 날것 그대로 녹음되고 방송된다. 심지어 웃음소리의 주인공을 사람들은 깔깔마녀라고 부르며 그녀가 웃어야 더 재미있다고 댓글을 달 정도였다.

〈터키즈 온 더 블럭〉의 성공 때문인지 웹 예능에서 '깔깔마녀'의 웃음소리같이 스태프의 웃음소리를 넣는 게 기본이 되었다. 웃기지도 않은 상황에서 스태프가 억지로 크게 웃는 경우도 종종 보일 정도다. 이는 과거에 KBS 〈개그콘서트〉 같은 공개 코미디의 관객 웃음소리를 스태프가 대신하고 있는 것처럼 보인다. 거슬러 올라가 보면 '웃음 트랙'이라는 곳까지 다다르게 된다.

웃음 트랙Laugh Track은 생방송이 아닌 녹화 코미디 방송을 위해 쓰이는 '미리 녹음된 사람들의 웃음소리'다. 1950년대에 미국의 사운드 엔지니어 찰스 더글라스Charles R. Douglass가 발명한 것으로 알려져 있으며, 통조림에 든 웃음 같다고도 해서 '통조림 웃음Canned Laughter'이라고도 불린다.

웃음은 전염력이 어마어마하기 때문에 남들이 웃으면 속절없이 같이 웃게 돼 버린다. 이러한 이유로 웃음 트랙은 전 세계 수많은 코미디 프로그램에서 유용하게 쓰여왔다. 우리나라에서도 많이 쓰였는데 어느 순간 '웃음 트랙'이 작위적이라는 비판이 나오면서 서서히 자취를 감추었다. 이제는 사라진 줄 알았던 과거의 '웃음 트랙'이 2021년 '깔깔마녀'의 웃음으로 업그레이드돼서 신선하게 돌아온 것이다.

SNS 마케팅에서도 이와 비슷한 사례가 있다. 몇 년 전부터 인스타그램을 보다 보면 부쩍 오타투성이 게시물이 자주 보인다. 오타도 그냥 오타가 아니다. 너무나도 황당한 오타다. 예를 들면 다음과 같다.

"피겨 여왕 '김현아'의 아름다운 피날레!"
"몸에 좋은 '단벽질'이 가득!"

이런 게시물에는 오타를 지적하는 댓글이 수없이 달린다. '김현아가 아니라 김연아라고요!', '단백질이라니 요새 기자는 아무나 뽑나요?'처럼 말이다. 이런 댓글을 받은 게시물은 성공한 게시물이다. 제작자 입장에서는 말이다. 무슨 소리냐고? 수많은 지적 댓글로 인해 '유저 참여율Engagement Rate'VII이 높아져 알고리듬algorithm은 해당 게시물을 좋은 게시물로 판단한다. 이로 인해 게시물은 더 많은 유저에게 노출된다. 오타 지적을 받아 공짜 광고를 하는 셈이다(개인적으로 이렇게 고객을 속이는 광고 기법은 선호하지 않는다). 이 또한 과거에 있었던 마케팅 기법이다. 이른바 '고의적 철자 오기' 방식이다.

'고의적 철자 오기Intentional Misspelling'를 누가 언제 시작했는지는 불분명하다. 속설에 따르면 미국의 한 레스토랑 사장이 시작했다고 알려져 있다. 그는 본인 가게 근처에 실수로 오타가 있는 광고판을 걸었다고 한다. 이 오타가 너무나도 눈에 띄는지라 지나가던 대부분의 운전자들이 차를 멈추고 가게에 들러 사장에게 오타를 지적했다. 그런데 의외의 일이 벌어졌다. 오타를 지적한 대부분이 가벼운 스낵을 구입하고 떠난 것이다. 사장은 오타의 힘을 알게 되었다. 처음에는 실수였지만, 그 후로는 일부러 철자를 틀리게 써서 광고를 했다고 한다. 고의적 철자 오기의 시작이었다.

던킨도너츠는 이 기법을 조금 더 세련되게 활용했다. 'BEFORE COFFEE, YOUR BRAIN DOESN'T WELL SO WORK'라는 메시지의 옥외광고를 했는데, 잘 살펴보면 틀린 문장이다. WELL과 WORK의

VII 게시물의 노출수 대비 얼마나 많은 댓글, 좋아요, 공유 등의 유저 반응이 있는지를 확인하는 지수를 의미한다.

그림 4-4 던킨도너츠의 고의적 철자 오기 광고

순서가 뒤바뀌었다. 실수가 아니라 의도다. 던킨도너츠가 전하고자 하는 메시지인 '커피를 마시기 전에 당신의 뇌는 제대로 작동하지 않아요'에 걸맞은 문법적 오류이기 때문이다. 소비자를 속이는 고의적 오타가 아닌 메시지를 효과적으로 전달하기 위한 맥락적 오타라는 면에서 멋진 광고라고 생각한다.

'웃음 트랙'과 '고의적 철자 오기'만 봐도 알 수 있듯이 새롭다고 생각하는 기법 중 상당수는 왕년에 잘 나갔던 그러나 어느새 잊힌 것들의 재활용이다. 힙합에서 과거의 노래를 샘플링해서 신선한 곡을 만들듯이 마케터도 이처럼 과거의 무언가를 새로운 관점으로 재창조할 필요가 있다. 마케팅도 'New'가 아닌 'Fresh'의 관점에서 바라볼 필요가 있다. 좋은 마케터는 그래서 프레시하다.

사수가 없는
마케터에게

직장인 및 자영업자를 대상으로 마케팅 강의를 하는 날이었다. 1부에서는 우리 회사에서 만든 자료를 기반으로 강의를 했고 2부에서는 질의응답 시간을 가졌다. 2부에서 생각보다 다양한 질문이 나왔는데 그중 가장 인상적인 것은 다음과 같다.

"회사에 사수가 없는데 마케팅을 어떻게 공부해야 할까요?"

20대 중반으로 보이는 참여자였다. 한때 비슷한 고민을 했기에 긴 시간을 할애하여 답을 했다. 앞서 말한 대로 나는 사회생활을 대기업에서 시작했다. 그룹 교육, 계열사 교육 등 오랜 기간 체계적인 교육을 받을 수 있었다. 업무 배치 후에도 사수와 멘토가 있어서 궁금한 것이 생기면 언제든 물어볼 대상이 있는 좋은 환경이었다. 일을 할 때 모르는 것이 있으면 최대한 쉽게 설명해 주고 도와주는 파트너사도 있었기에 큰 어려움 없이 사회생활을 시작할 수 있었다.

대기업에서의 안락한 생활은 퇴사 후 사업을 시작하면서 180도 바뀌었다. 물어볼 사수도 나를 도와줄 파트너사도 없는, 그야말로 혼자 모든 것을 알아서 해야만 하는 상황이었다. 그나마 마케팅은 모르는 것이 별로 없다고 생각했는데 그마저도 착각이었다. 대기업에서는 업무가 굉장히 세분화, 전문화되어 있다. 그러다 보니 대기업에서 내가 담당했던 업무는 마케팅의 일부에 지나지 않았다는 것을 뒤늦게 알게 되었다. 상당수의 일은 파트너사와 같이 했기 때문에 처음부터 끝까지 혼자서 하는 법도 잘 몰랐다.

사업을 하면서 다른 모든 것과 마찬가지로 마케팅도 처음부터 다시 배워야 했다. A부터 Z까지 혼자 해내야 하는 것이다. 사수가 없는 마케터의 고충을 뒤늦게 알게 되었고, 그것을 극복하는 방법도 나름대로 찾게 되었다. 크게 세 가지가 있다.

책! 책! 책! 책을 읽읍시다

사수가 없는 마케터는 일단 무엇부터 해야 할지 막막하다. 대표님이 마케팅을 하는데 왜 매출이 바로 늘지 않느냐고 다그칠 수도 있다. 이때 무엇을 해야 매출이 늘지, 어떻게 해야 할지 갈피를 잡기 힘들다. 인터넷 검색을 해 보면 정보는 넘쳐나는데 무엇이 진짜이고 가짜인지, 나에게 딱 맞는 방법이 무엇인지 판단하기 힘들다. 사수가 없는 마케터라면 머릿속에 마케팅의 기본 틀을 그리는 것이 최우선인 이유가 바로 이 때문이다. 탄탄한 기획력을 갖추어야만 한다. 지름길은 없다. 부단히 책을 읽고 실무에 적용해 보는 수밖에 없다(2장 '마케팅의 첫 단추: 기획' 참조).

학생일 때 책을 읽는 것과 일을 하면서 책을 읽는 것은 다르다. 공부를 위한 독서와 실무에서 필요한 내용을 습득하기 위한 독서는 효과 측면에서 하늘과 땅 차이기 때문이다. 비유를 하자면 비타민과 진통제의 차이랄까? 실무를 하면서 모르는 분야에 대한 책을 읽으면 진통제처럼 효과를 즉각적으로 느낄 수 있다. 부작용은 하나도 없는 진통제다. 어떤 책을 읽을지 고민이 된다면 'One more thing: 추천 도서'에서 언급한 책부터 읽어 볼 것을 추천한다.

분해하고 분석하자

마케팅에 대한 전반적인 이해를 마쳤다면 이제 광고를 할 차례다. 당연한 말이지만 무턱대고 광고를 하면 안 된다. 피 같은 돈을 그냥 낭비할 수는 없지 않은가? 최소한의 준비를 마친 후 광고를 집행해야 한다. 사수가 없는 마케터에게 추천하는 준비 방법으로 리버스 엔지니어링Reverse Engineering이 있다. 쉽게 말해 완성품을 분해하고 분석해 보는 것이다. 개발도상국이 선진국의 기술을 빠르게 흡수하기 위해서 많이 쓰는 방법이다. 우리나라가 다양한 산업군에서 빠르게 성장할 수 있었던 것도 바로 이 리버스 엔지니어링 덕분이었다.

마케터도 리버스 엔지니어링을 할 수 있다. 기억에 남거나 눈에

그림 4-5 참존의 톤업핏 비건 마스크 네이버 타임보드 광고

띄는 광고가 있다면 그것을 어떻게 만들었는지 분해하고 분석해 보는 것이다. 기억에 남는 광고가 없다면 비싼 광고 상품을 분석해 볼 것을 추천한다(4장 '트렌드가 습관인 마케터' 참조).

위 광고는 네이버 PC 메인 화면에 뜨는 '타임보드'다. 타임보드는 1시간 동안 하나의 브랜드만 고정적으로 노출하는 CPT[Cost Per Time] 유형의 광고 상품이다. 시간대별로 광고비가 다른데 직장인이 컴퓨터 앞에서 일을 하는 시간대인 평일 오전 9시부터 오후 6시까지가 가장 비싸다. 평균 2천만 원에서 3천만 원에 달하는 매우 비싼 광고다. 당연한 말이지만 이렇게 높은 가격의 광고를 할 때 회사에서는 더 많은 고민을 하기 마련이다. 수천만 원에 달하는 광고를 고민 없이 만들 수는 없지 않겠는가? 리버스 엔지니어링을 위한 매우 값진 자료라는 말이기도 하다.

그림 4-5 광고를 매우 간단하게 분해 및 분석해 보자. 전체적으로 시기에 맞춰 가을이 연상되는 색상을 활용했다(가을에 진행된 광고다). '비건'과 '7' 같이 강조하고자 하는 부분만 빨간색으로 포인트를 주었다. 사람의 눈이 가장 먼저 가는 좌측에는 상품 이미지, 우측에는 모델 사진(모델 사진은 초상권 문제가 있을 수 있어 삭제하였다)을 배치했다. 텍스트보다 숫자를 크게 적어 혜택을 강조하는 방

식을 택했다. 마스크는 저관여 상품Low-involvement productVIII이기 때문에 상대적으로 중요성이 떨어지는 브랜드 로고 CHARMZONE은 가장 작게 적었다. '지금 알아보기'가 아닌 조금 더 공격적인 '지금 구매하기'라는 CTACall to ActionIX 문구를 사용하여 즉각적인 구매를 유도하고 있다. 단순한 광고에도 이처럼 분해하고 분석할 요소가 많다(참고로 음식류의 경우 유명 모델 이미지보다 음식 이미지가 부각되는 경우 고객 반응률이 높아짐을 직간접적으로 경험했다).

조금 더 여유가 있다면 광고를 클릭해서 나오는 페이지도 분석해보면 좋다. 대부분의 광고는 클릭하면 온라인몰로 넘어간다. 고객이 도착Landing하는 페이지Page라는 의미의 '랜딩 페이지Landing Page'가 온라인몰이라는 의미다. 랜딩 페이지는 광고와 어떤 연관성이 있는지, 상세 페이지는 어떻게 구성되어 있는지 등을 잘 살펴보면 더 많은 것을 배울 수 있다.

나는 이를 하나의 회사 문화로 만들었다. 매일 아침 10시에 이처럼 가장 비싼 광고를 분해하고 분석하는 것이다. 대표적으로 네이버 PC 메인 화면에 노출되는 '타임보드'와 그 우측에 있는 '롤링보드', 네이버 모바일 메인 화면 검색창 바로 아래 있는 '헤드라인 DA'와 그 밑에 있는 '스페셜 DA'를 보고 있다. 이렇게 꾸준하게 가장 비싼 광고를 분해하고 분석하다 보면 사수의 도움 없이도 대기업 못지않은 광고를 기획 제작할 수 있을 것이다.

VIII 구매 전 정보 탐색 과정이 짧은 상품이다. 유아용품이나 고가의 자동차나 집과 같이 구매 전에 정보 탐색 과정이 긴 고관여 상품과 비교된다.

IX 행동 유도 문구.

그림 4-6 네이버 타임보드

그림 4-7 네이버 롤링보드

그림 4-8 네이버 스페셜DA

그림 4-9 네이버 헤드라인DA

훔칠 수 있을 때까지 베끼자

입체주의의 창시자로 꼽히는 파블로 피카소Pablo Picasso는 '좋은 예술가는 베끼고, 위대한 예술가는 훔친다'라고 말했다. 이 말은 창작이라는 것은 무에서 유를 창조하는 것$^{creatio\ ex\ nihilo}$이라기보다 기존에 존재하는 것들의 패턴을 익히고 그것에 나만의 해석을 붙여 신선하게 만드는 것에 가깝다는 의미라고 생각한다.

사수가 없는 마케터는 이를 위해 일단 최대한 베껴 봐야 한다. 그대로 베껴서 광고를 하라는 말은 절대 아니다. 표절은 법적으로 문제가 될 뿐만 아니라 마케팅 윤리에도 어긋난다. 내 말의 의도는 베끼는 연습을 하라는 것이다. 마케터가 가장 많이 활용하는 '글'과 '사진'을 예로 들어 설명해 보겠다.

먼저 글쓰기다. 마케팅 예산이 부족할 때 마케터가 고려해 볼 수 있는 것이 네이버 상위 노출이다. 네이버에서 검색했을 때 내가 마케팅하는 상품과 서비스 관련 글을 최상단에 뜨게 만드는 것(검색엔진 최적화$^{Search\ Engine\ Optimization,\ SEO^X}$)이다. 잘만 하면 돈을 한 푼도 들이지 않고 수많은 고객에게 효과적으로 광고할 수 있다. 이를 위해서 최상단에 뜨는 블로그의 글을 그대로 베껴서 적어 보는 연습이 필요하다. 예를 들어 '선글라스'를 마케팅한다면 네이버에 '선글라스'는 물론이고 잘못된 용어이지만 사람들이 흔히 검색할 만한 '썬글라스' 그리고 카테고리 용어인 '아이웨어' 등으로 검색을 해 보는 것이다. 이때 최상단에 노출되는 블로그 글을 클릭한다. 메모장을 옆에 띄워 두고 블로그 글을 베껴서 적어 보자. 이 과정을 거듭하다 보면 최상단에 노출되는 글의 구조와 흐름 그리고 키워드 배치를

X 웹사이트와 웹페이지를 검색엔진이 쉽게 발견(디스커버리)하고, 읽어 가서(크롤링), 색인하고(인덱싱), 상위 노출(랭킹)시켜 자연 유입되는 트래픽의 양과 질을 높일 수 있도록 관련 검색 알고리즘의 특성을 고려해서 웹사이트의 구조나 콘텐츠를 개선하는 일련의 작업을 말한다.

파악할 수 있다. 익숙해지면 내용을 조금씩 나의 상품과 서비스에 맞게 바꿔 보고 최종적으로는 나만의 글쓰기 패턴을 완성할 수 있다. 네이버가 사랑하는 글쓰기를 체득하게 되는 것이다.

다음으로 사진이다. 네이버가 사랑하는 글이 최상단에 노출되듯이 인스타그램이 사랑하는 사진도 더 많은 인스타그램 유저에게 노출이 된다. 사진도 글쓰기와 마찬가지다. 인스타그램 검색 탭에서 특정 단어 검색 시 첫 화면에 노출되는 사진을 똑같이 따라 찍는 연습을 해 보자(인스타그램은 해시태그도 참고해야 한다). 예를 들어 성수동에 있는 디올 매장에 놀러 갔다고 생각해 보자. 이때 들뜬 마음에 사진을 아무렇게나 찍어서는 안 된다. 검색 탭에서 '#성수디올'을 검색했을 때 첫 화면에 노출되는 사진을 참고하여 그와 최대한 비슷하게 찍는 연습을 해야 한다. 어디를 강조해서 찍는지, 어느 구도로 찍는지 등을 면밀히 살피면서 촬영하는 것이다. 이게 습관이 되면 어느 순간부터 다른 사진을 참조하지 않아도 자연스레 인스타그래머블^{Instagrammable}^{XI}한 사진을 찍게 될 것이다. 이 또한 패턴이 있기 때문이다(인스타그램은 현재 사진보다는 릴스를 더 많이 노출시켜 주는 알고리즘을 적용하는 것으로 보인다).

영상도 비슷하다. 글이나 사진에 비해 조금 더 복잡하고 자세한 설명이 필요하지만, 큰 틀에서는 비슷하다. 부단히 베끼면서 내 것으로 만든다는 큰 방향성은 동일하다는 뜻이다. 유튜브의 경우 홈 탭에서 첫 화면에 뜨는 영상의 '썸네일'은 어떠한지, 영상 길이는 어

XI 인스타그램에 올려도 될 만큼 매력적인 사진이나 이미지 등을 의미한다.

떠한지, 그리고 어떻게 구성되었는지를 보면서 최대한 비슷하게 영상을 만들어 보는 연습을 해 보면 도움이 될 것이다. 다시 한번 강조해서 말하지만 베껴서 올리라는 것이 아니라 연습을 해 보라는 말이다.

　사수가 없는 마케터분에게 위와 같이 답을 하고 한 가지 말을 덧붙였다. 대기업에서 모든 것을 체계적으로 배운 마케터가 갖기 힘든 능력을 중소기업에서 사수 없이 고군분투하는 마케터는 얻을 수 있다고. 앞에 나 있는 길을 안전하게 걸어가는 사람과 나의 발걸음 뒤에 비로소 길이 생기는 사람의 차이는 상당히 크니까 말이다.

마케터에게 추천하는
마케팅과 관련 없는 책

마케팅과 관련해서 좋은 책을 추천해 달라는 요청을 종종 받는 편이다. 기본적으로 마케팅은 필립 코틀러, 브랜딩은 데이비드 아커의 책을 꼭 읽어 보라고 권하고 나머지는 그 사람이 하는 일에 따라 다르게 추천하는 편이다(One more thing: 추천 도서 10선 참고).

모든 전문직이 그러하듯 마케터도 마케팅 관련 책을 꾸준히 읽으면서 현업에서 필요한 지식을 습득하고 업데이트해야 한다. 다만 그에 못지않게 중요한 것이 마케팅과 관련 없는 책을 읽는 것이라고 생각한다. 차별화 때문이다.

마케터가 입에 달고 사는 용어 중 하나가 '차별화'다. 어떻게 하면 우리의 상품과 서비스를 차별화할지 늘 고민하는 사람이 마케터다. 이와 같은 논리라면 마케터도 스스로를 차별화해야 한다. 모든 마케터가 읽는 마케팅 책만 읽는다면 아는 것에 차별화를 두기 힘들다. 인풋이 동일하다면 관점을 바꾸는 것만으로는 한계가 있다.

마케팅에 대한 정의는 다양하지만 결국 모든 정의는 '고객'이라는 한 점으로 모인다. 고객은 당연한 말이지만 '사람'이다. 마케터에게 가장 필요한 것은 결국 사람에 대한 이해일 것이다. 이를 위한 학문이 바로 인문학이다. 말 그대로 인간人과 인간의 문화文에 대해 공부하는 학문學이 인문학人文學이니 말이다. 마케터가 스스로를 차별화할 수 있는 가장 좋은 학문이라고 생각한다.

위키피디아에 따르면 인문학은 다음과 같다. '인문학이란 인간 사회와 문화에 대해 연구하는 학문 분야다. 오늘날 인문학은 직업교육, 수학 그리고 자연/사회 과학을 제외한 대부분의 분야에 대한 학문으로 정의되곤 한다. 인문학은 고대/현대 언어, 문학, 철학, 역사, 고고학, 인류학, 인문지리학, 법학, 종교학, 예술을 포함한다.'[6]

관련해서 추천하고 싶은 책이 너무나도 많지만 일단 딱 세 권만 선정했다. 선정 기준은 너무 가볍지도 너무 무겁지도 않은 적당한 무게와 깊이다.[XII]

《철학 이야기(The Story of Philosophy)》 – 윌 듀런트Will Durant[7]

철학책이라 바로 건너뛰고 싶은 분도 있을 것 같다. 나 또한 과거에 철학이라면 한 귀로 듣고 한 귀로 흘렸던 사람이라 충분히 이해한다. 다만 철학 그리고 철학적 사고를 할 수 있어야 비로소 훌륭한 마케터가 될 수 있다고 생각하기에 철학책은 반드시 읽어야 한다고

XII 세 권 모두 원서로 읽어서 원서명을 병기한다.

생각한다. 이에 대해 《탁월한 사유의 시선》에서 최진석 교수는 다음과 같이 말했다.

> 철학을 쉽게 얘기해 본다면 아마 '전략적인 높이에서 하는 사고' 정도가 될 것이다. 전략적 단계는 전술적 단계를 지배한다. 전술적인 단계보다는 전략적인 단계가 더 높다. (…) 전략적인 사고란 이미 짜인 판 안에서 하는 전술적인 사고와 달리, 아예 판 자체를 새로 짜는 일이다. 판 자체에 대해서 생각하거나 판을 새로 짜는 일에 대한 사고가 바로 전략적 사고이다. 전략적으로 형성된 판 안에서 다른 여러 가지 종속적인 변수들을 다루면서 하는 행동들을 전술적이라고 한다.[8]

철학적 사고를 하는 마케터가 판을 짜면 그렇지 못한 마케터들이 그 판에서 경쟁을 하는 것이다. 이 경쟁에서 누가 우위를 차지하겠는가? 당연히 그 판을 짠 마케터일 것이다. 이렇게 판을 짜는, 하나의 패러다임을 만드는 마케터가 되기 위해서는 철학적 사고가 필요하다.

또한 마케팅은 자칫하면 거짓말이 돼 버리기 때문에 본인만의 철학으로 이를 제어할 필요가 있다. 철학은 선로를 이탈하려는 마케팅이라는 기차의 브레이크가 되어 준다. 능력 있는 마케터일수록 단단한 철학이 필요하다. 뛰어난 마케터는 매우 크고 빠른 기차이기에, 선로를 이탈하면 대형 사고다. 파급력이 큰 만큼 그를 제어할 매우 단단한 철학이 필요하다.

윌 듀런트의 《철학 이야기》는 훌륭한 철학 입문서다. 플라톤, 칸트, 니체 등 누구나 한 번쯤은 들어 본 대표적인 서양 철학자들부터 현대의 철학자까지 시간순으로 다루고 있다. 철학을 어렵지 않고 쉽게 다루었기에 오랫동안 대중의 사랑을 받고 있다. 시간의 흐름에 따라 서양 철학이 어떻게 변했는지를 보여 주고 있기 때문에 개별적으로는 이해하기 힘든 난해한 철학자의 사상도 전후 맥락을 통해 쉽게 이해할 수 있을 것이다.

이 책을 통해 마음에 드는 철학자와 철학을 만나게 된다면 그에 대해 조금 더 공부해 보는 것도 본인의 철학을 확장하는 데 큰 도움이 될 것이다. 임마누엘 칸트의 말을 빌리자면 마케터는 '철학'을 배우는 것이 아니라 '철학 하는 것'을 배울 필요가 있으니 말이다.[XIII]

《숨(Exhalation)》 – 테드 창[Ted Chiang][9]

소설을 재밌게 읽으려면 반드시 등장인물에 감정이입을 해야 한다. 내가 아닌 남이 되어야 한다. 마케터가 소설을 읽어야 하는 가장 큰 이유가 여기에 있다. 마케터는 끊임없이 고객의 입장이 되어야 하는 직업이기 때문이다. 아니, 고객이 되어야 하는 직업이다.

수많은 소설 중에서 테드 창의 《숨》을 고른 이유가 있다. 현재 인류가 도달할 수 있는 가장 높은 수준의 상상력이 담긴 소설이라고 생각해서이다. 공감 능력을 최대치로 올려야만 테드 창의 상상력을

XIII 임마누엘 칸트는 단순히 철학(Philosophie)을 공부하는 것이 아닌 본인만의 철학을 정립하는 철학 하는 것(Philosophieren)을 배울 것을 강조했다.

최대치로 즐길 수 있다.

많은 사람들이 테드 창의 작품을 SF소설이라고 규정하지만 나는 조금 다르게 생각한다. 그의 작품은 철학이라는 알약에 SF라는 당분을 겉면에 바른 일종의 당의정糖衣錠, Sugar-coated tablet^{XIV}이라고 생각한다. 시간과 공간이라는 좌표에 점으로 찍힌 인간에 대해 매우 깊게 고민하는 놀라운 상상력의 철학인 것이다. 그의 작품은 재미로 보나 상상력으로 보나 철학으로 보나 모든 마케터에게 놀라운 자극이 될 것이다.

《어쩐지 미술에서 뇌과학이 보인다(Reductionism in Art and Brain Science)》 — 에릭 캔델Eric R. Kandel[10]

마케터는 끝없이 본질이 아닌 것을 제거해 나가야만 한다. 단 한 줄의 메시지, 단 한 장의 이미지 혹은 15초 남짓의 영상을 통해서 고객에게 원하는 메시지를 정확히 전달하기 위해서는 말이다. 이는 미켈란젤로가 다비드상을 만든 방식과 닮아 있다. 미켈란젤로는 자연 그대로의 대리석을 보고 다비드의 이미지를 떠올렸고, 대리석에서 다비드가 아닌 부분만을 깎아냈다. 끝없는 제거를 통해 다비드라는 걸작을 창조한 것이다.

《어쩐지 미술에서 뇌과학이 보인다》는 이렇게 최소한으로 무언가를 적확하게 표현해 내려는 미술과 환원주의에 대한 책이다. 마

XIV 말 그대로 달콤한 옷을 입힌 알약으로, 먹기 힘든 맛을 자랑하는 약들을 어린이들도 쉽게 먹을 수 있게 해 주는 마법의 약. '사탕발림'이라고도 한다.

케팅은 예술Art과 과학Science의 교집합이라 볼 수 있다. 이 중 마케팅의 예술성에 도움이 되는 콘텐츠는 바로 이 책일 것이다. 더 정확히는 사족을 덜어내고 본질만을 추출하는 그리고 그것을 고객에게 전달할 수 있는 예술적 사고를 키울 수 있는 책이다.

이 세 권의 책을 시작으로 여러분의 인문학적 세상이 무한히 확장되길 바란다. 차별화를 넘어 유일무이한One of a kind 마케터가 되기를 바란다.

'왜'가 있는 마케터는
'어떻게'든 성공한다

러시아 황제가 정원을 산책하다가 문득 잔디밭 한가운데 보초병이 서 있는 것을 보았다. '평화로운 궁전의 잔디밭 한가운데 왜 보초병이 서 있지?'라고 의아했던 황제는 보초병에게 왜 그곳에 서 있느냐 물었다. 보초병은 명령을 받았다고만 답했다. 황제는 관련자 모두에게 보초병이 서 있는 이유를 물었지만 다들 앵무새처럼 명령을 따를 뿐이라고 말할 뿐이었다. 명확한 이유를 아는 사람은 아무도 없었다. 수소문 끝에 마침내 그 이유를 알게 되었다. 수십 년 전 보초병이 서 있던 자리에 설강화snow drop가 예년보다 일찍 피었는데 그것을 신기하게 여긴 여왕이 이 꽃을 누구도 뽑지 못하게 지키라고 명령을 내린 것이었다. 여왕도 죽고 더 이상 그 꽃도 없지만 보초병들은 여전히 그곳을 매년 여름과 겨울마다 지키고 있던 것이었다.[11]

보초병이 한심해 보이는가? 정도의 차이는 있지만 이유를 생각하지 않고 시키는 대로만 일한다는 점에서는 수많은 직장인과 크게 다르지 않다. 나 또한 그랬었다. 아니 여전히 이따금 그런다. 바쁘고 정신없다는 이유로 일의 목적을 종종 잊는 것이다. 최근에도 그랬다.

회사 직원이 상품을 설명하는 글을 작성하고 있었다. 콘셉트는 '친구한테 설명하듯이'였다. 글을 작성하다가 한 단어의 표기법을 두고 헷갈렸는지 멤버들에게 맞춤법을 물어봤다. 나는 반사적으로 국립국어원에서 말하는 올바른 표기법을 알려 주려 했다. 순간 아차 싶었다. 그 글을 왜 쓰고 있는지를 생각하지 않은 것이다. 앞서 말한 대로 친구가 말해 주듯 상품을 소개하는 게 글의 목적이자 글을 쓰는 이유였다. 아무 생각 없이 반사적으로 '맞춤법'을 따르는 것은 생각 없이 명령을 따르는 보초병과 다를 바가 없었다.

지금은 '짜장면'도 표준어로 인정받고 있지만, 2011년까지만 해도 '자장면'이 유일한 표준어였다. 하지만 '자장면'이라고 발음하는 사람은 아나운서와 같은 방송인뿐이었다. 이 상황에서 고객에게 친구처럼 다가가려는 사람이 표준어로 인정받는 '자장면'이라고 발음하는 게 맞을까, 아니면 일상적으로 사용하는 '짜장면'이라고 발음하는 게 맞을까? 단연 후자가 바르다고 생각한다. 그것이 목적에 부합하는 발음일 테니 말이다. 이처럼 위 사례에서도 '맞춤법'보다는 친구라면 어떤 표기법을 따를지 고민했어야 했다. 그것이 '왜 이 일을 하고 있지?'라는 고민에 대한 답일 테니 말이다.

이 사건 이후로 그냥 생각 없이 하고 있는 일이 무엇이 있나 생각을 해 보았다. '기존에 그렇게 했으니까', '남들이 하니까'라는 그냥 따라 하는 일이 무엇이 있지? 몇 가지가 있었는데 대표적인 것이 제안서나 보고서의 마지막 장에 들어가는 'Thank You' 장표였다. 대기업에 있을 때 수많은 대행사로부터 제안서를 받았는데 마지막 장에는 예외 없이 'Thank You'라는 글자와 회사 정보가 들어가 있었다. 상대에게 가장 깊은 인상을 남길 수 있는 마지막 장을 허무하게 날린다는 생각이 들었다. 이후로 우리 회사는 'Thank You' 대신에 회사의 슬로건인 'Your Marketing Team'을 마지막 장에 쓰기 시작했다.

지금까지 말한 '왜^{why}'는 거창한 이유를 말하는 것이 아니다. 마케팅을 하는 근본적인 목적을 고민하라는 것이 아니다(물론 이 또 중요한 질문이기는 하다). 목적을 염두에 두고 일하는 태도를 말한다. 물론 시키는 대로, 정해진 대로 일을 해도 평상시에는 큰 문제가 없다. 그렇게 일을 하는 사람이 오히려 더 많을지도 모른다. 다만 태도의 차이에 따라 평범함과 비범함이 갈린다. 때로는 목적의 부재가 참사를 낳기도 한다. 빵 공장에서 일하다 숨진 노동자의 장례식장에 빵을 보낸 모 기업의 사례가 대표적이다.

악의적인 의도는 없었을 것이다. 그저 직원의 장례식에 자사의 주요 제품인 빵을 보내는 내부 규정이나 관례가 있었을 것이다. 목적을 생각하지 않아서 발생한 참사다. 장례식에 답례품을 보내는 목적이 무엇인가? 슬픈 상황에 놓인 유가족을 위로하고 힘을 주기 위함이다. 빵 공장에서 일하다 숨진 노동자의 유가족에 빵이 위로가 되고 힘을 줄 수 있을까? 단 한 번이라도 일의 목적을 곰곰이 생각했다면 빵을 보내는 일은 없었을 것이다.

조선의 설계자라 불리는 정도전도 목적을 염두에 두고 일하는 태도를 강조했다. 특히나 말 한마디, 행동 하나가 국가 전체에 큰 영향을 미치는 임금에게 다음과 같이 충언을 했다. '그러나 임금으로서 오직 부지런해야 하는 것만 알고 무엇에 부지런해야 하는지를 모르면 부지런하다는 것이 오히려 번거롭고 까다로움에 흘러 보잘것없는 것이 됩니다.'[12]

'능력'과 '성실성'으로 리더를 구분할 때 크게 네 가지 유형의 리더가 있다. 똑똑하고 부지런한 리더(똑부), 똑똑하지만 게으른 리더(똑게), 멍청하지만 부지런한 리더(명부), 멍청하고 게으른 리더(명게)이다. 이 중에서 사람들이 최악으로 꼽는 리더가 멍청하면서 부지런한 리더다. 정도전이 말한 무엇에 부지런해야 하는지를 모르면서 부지런한 사람이 명부에 해당되지 않을까 싶다.

피터 드러커는 '리더는 올바른 일을 하는 사람이고[do the right thing], 실무자는 일을 올바르게 하는 사람이다[do things right]'라는 말을 했다. 일의 목적을 리더가 잘 세우면, 실무자는 그것을 목적에 맞게 잘해 내야 한다는 의미일 것이다. 세상이 달라져서 이 말도 바뀌어야 한다. 이제는 리더뿐만 아니라 모든 사람이 이 둘을 잘해 내야만 한다. 올바른 일을 올바르게 해야만 한다.

프리드리히 니체는 '살아가야 하는 이유(why)가 있는 사람은 어떤 상황(how)도 견뎌낼 수 있다'라고 말했다. 이와 비슷하게 '왜[why]'가 있는 마케터는 '어떻게[how]'든 성공한다고 생각한다. '왜[why]'를 잊지 말자.

트렌드가
습관인 마케터

우리 회사에서는 월요일 아침마다 '인사이트 토크'를 진행한다. 방식은 간단하다. 회의실에 모여서 각자 주말에 가장 '인사이트'가 있었던 무언가의 사진이나 동영상 등을 단체 카톡방에 올리면서 이야기하는 것이다. 카페, 맛집, 영화, 공연, 광고 등 내용의 제한은 없다. 대화를 하다 보면 나이대별로 어떠한 것에 관심이 있는지 확연히 보인다. 20대가 좋아하는 동네와 맛집, 30대가 좋아하는 카페, 40대가 좋아하는 드라마와 같이 말이다. 서로에 대한 이해를 넘어 고객에 대한 이해 그리고 나도 모르는 트렌드를 알 수 있는 값진 시간이다.

인사이트 토크를 이렇게나 오랫동안 꾸준히 하게 될 줄은 몰랐다. 시작은 우연이었다. 어느 날 공동창업자인 대표님이 막내 직원에게 트렌드 조사를 요청했다. 매주 보고를 했으면 하는 눈치였다. 그 순간 막내만 하지 말고 다 같이 하면 어떨까라는 생각을 했다.

딱딱한 '보고'가 아니라 가벼운 '토크' 형식이면 더욱 좋을 것 같았다. 그렇게 별생각 없이 제안한 '인사이트 토크'는 우리 회사만의 조직문화가 되었다. 우리 회사에서 인턴을 한 친구들이 가장 만족스러운 경험 중 하나로 꼽는 자랑스러운 조직문화이기도 하다.

트렌드에 뒤떨어진 마케터는 최신 연구 결과에 무지한 과학자와 비슷하다. 누차 이야기하지만 마케팅을 어떻게 정의하든 그 중심에는 '고객'이 있고, 고객이 '현재

그림 4-10 개인적으로 비공개 오픈카톡방에서도 비슷한 형식으로 인사이트 토크를 운영 중이다.

무엇을 원하는지' 그리고 '앞으로 무엇을 원하게 될지'를 간명하게 보여 주는 것이 트렌드이기 때문이다. 트렌드를 쫓아다니라는 말이 아니다. 고객을 알기 위해 트렌드를 파악하자는 말이다. 대부분의 경우 10~20대 사이에서 유행하는 것은 시차를 두고 30, 40, 50대 등으로 퍼지므로 현재 Z세대라고 불리는 사람들의 트렌드를 조금 더 유심히 살펴볼 필요가 있다.

김난도의 《트렌드 코리아》처럼 연말에 출간되는 다양한 트렌드 도서를 통해서도 공부할 수 있으나 이로는 부족하다. 책은 잘 정리된 깊이 있는 정보라는 측면에서 유용하지만 시의성이 떨어진다는 단점이 있다. 저자가 책을 쓰는 시점과 독자가 책을 읽는 시점의 차

이로 인해 무의미해지는 내용이 있을 수밖에 없다. 트렌드의 주기도 짧아지고 변화의 속도도 점점 더 빨라지므로 책으로만 공부해서는 제대로 된 트렌드를 파악하기 힘들다. 트렌드는 매일매일의 습관이 되어야 한다. 마케터라면 더욱 그래야 한다.

회사에서 '인사이트 토크'와 같은 형식으로 미팅을 진행하기 힘들다면 동료 마케터와 가볍게 카카오톡이나 디스코드를 활용하여 진행하는 것도 좋은 방법이다. 엄청난 인사이트가 아니어도 상관없다. 그저 내가 좋아하고 사람들이 좋아하는 것을 가볍게 올려보는 것이다. 나누면 커지는 것이 인사이트다.

한 가지를 더 추천하고 싶다. 이 또한 우리 회사에서 진행하는 일이다. 매일 아침 10시에 주요 광고 채널에 어떠한 광고가 올라오는지를 보는 것이다. 모든 광고를 보는 것이 아닌 가장 비싼 광고만 보는 것이다. 네이버 PC의 '타임보드'와 '롤링보드', 네이버 모바일의 '스페셜DA'와 '헤드라인 DA'를 보는 것이다. 비싼 광고 채널에 주기적으로 광고를 한다는 것은 크게 두 가지로 해석할 수 있다. 하나는 '고객이 좋아하는 것'이고 또 하나는 '고객이 좋아할 거라고 회사가 확신하는 것'이다. 이는 고객의 말이 아닌 돈이 향하는 곳을 확인하기 좋은 지표다(4장 '사수가 없는 마케터에게' 참조).

이처럼 매주 혹은 매일 트렌드를 습관화한다면 트렌드를 쫓는 사람이 아닌 트렌드가 흘러가는 방향을 예측할 수 있는 마케터가 될 수 있을 것이다. 전설적인 하키 선수 웨인 그레츠키[Wayne Gretzky]는 다음과 같은 말을 남겼다.

"훌륭한 하키 선수는 퍽^{puck}을 따라 움직이고, 위대한 하키 선수는 퍽이 움직일 곳을 예측해서 움직인다."

XV 하키 경기의 공.

마케팅의 미래는 어떻게 될까요?

Q. 허위 사실을 유포하지 않는 선에서 과장된 노이즈 마케팅은 제품의 홍보를 위하여 할 수 있는 행동이라고 보시나요?

상당히 어려운 질문이네요. 마케터의 윤리에 관한 질문이기도 하고요. '정직하게 마케팅해야 합니다'라고 말한다면 쉽겠죠. 그런데 의미 없는 말이기도 하고요. '평화를 지켜야 합니다'라는 말을 누구나 할 수 있고 누구도 반대하지 않지만 '어떻게?'가 빠진 공허한 말이죠. 구체적으로 어떻게 평화를 지켜야 하는지를 이야기하면 팬도 생기고 안티도 생겨요. 예를 들어 '평화를 지키기 위해 국방력을 키워야 한다'라고 말할 수도 있고, '평화를 지키기 위해 군대를 없애고 비폭력주의로 가야 한다'라고도 말할 수 있잖아요? 두 의견 모두 엄청난 욕을 먹겠죠. 구체적일수록 욕을 먹지만 그래야만 실천할 수 있어요. 마케터의 윤리도 마찬가지라고 생각해요. 본인만의 구체적인 기준이 필요하다고 생각합니다.

저는 '고객의 후생'이 기준입니다. 고객의 삶을 해하는 마케팅은 안 된다는 주의죠. 질문하신 과장된 노이즈 마케팅이 불법이 아니더라도 고객의 후생을 저해한다면 반대하는 편입니다. 물론 고객 후생을 명확한 숫자로 나타낼 수는 없죠. 저도 늘 실수하고 배우고 있습니다. 명확한 답이 없는 질문이다 보니 마케팅을 하면서 이 문제를 끊임없이 고민해야 하는 것 같아요.

Q. 현재 사회의 마케팅 트렌드는 어떻게 파악하고 그 트렌드를 마케팅에 어떻게 적용하는지 궁금합니다.

트렌드라는 것이 무엇일까요? 특정한 시공간에 있는 사람들이 향하는 방향이죠. 풀어서 말하자면 2024년 대한민국 사람들이 점점 더 좋아하는 무언가 혹은 점점 더 많이 하는 행동 같은 것이죠. 과학자가 최신 연구 결과에 밝아야 하듯 마케터도 트렌드에 밝아야 한다고 생각해요. 물론 트렌드만을 좇으라는 말은 아니에요. 트렌드라는 것은 고객이 어디로 가고 있는지를 보여 주는 지표니까 늘 주시하고 있어야 한다는 말입니다.

저는 트렌드를 습관화하려고 노력하고 있습니다. 회사에서는 매주 월요일 아침에 멤버들과 모여서 한 주 동안 각자에게 인상적이었던 모든 것을 가볍게 이야기하는 '인사이트 토크'를 진행하고 있고, 매일 아침 10시에는 네이버의 주요 채널에 어떠한 광고가 올라오는지를 보고 있어요. 인사이트 토크가 고객 한 명 한 명의 관심사를 깊게 보고 트렌드를 체크하는 방법이라면, 주요 채널의 광고를 보는 것은 돈의 흐름을 통해 트렌드를 체크하는 방법이죠. 회사에서는 이 둘을 통해 트렌드를 파악하고 있습니다.

회사 밖에서는 다양한 모임에서 사람들의 관심사를 꾸준히 확인하고 있어요. 독서 모임 트레바리에서 클럽장으로 활동하고 있는데 회사에서 진행하는 '인사이트 토크'와 비슷한 방식의 이야기를 나누곤 합니다. 한 달에 한 번 모임을 갖는데 그동안 가장 인상적인 것이 있었다면 그에 대해 이야기를 나누는 거죠. 나이, 성별, 직업 등에 따라 정말 다양한 주제가 언급되는데, 그중에서도 유독 많이 겹치는 것들이 있거든요. 그런 것을 유심히 살펴보곤 합니다. 혹은 다양해 보이는 관심사를 하나로 묶을 수 있는 큰 테마도 생각해 보고요. 예를 들어 사람들이 소유보다는 경험에 점점 더 많은 돈과 시간을 쓰는 것은 최근 몇 년간 가장 눈에 띄는 현상인 것 같아요.

중요한 것은 트렌드를 시간 내서 공부하기보다 숨 쉬듯 습관화하는 것이죠. 제 방식을 참고해도 좋고 여러분만의 방식을 만들어도 좋아요. 어떠한 방식이든 매일 혹은 매주 할 수 있다면 무엇이든 좋습니다(4장 '트렌드가 습관인 마케터' 참조).

Q. 현재 마케팅과 과거 마케팅의 차이점이 무엇이고 변화한 마케팅이 우리 생활에 어떤 영향을 미쳤다고 생각하시나요?

마케팅 업계에는 유명한 말이 있습니다. 존 워너메이커(John Wanamaker)가 한 말인데 '광고에 쓴 돈 절반이 낭비인데 어느 쪽 절반이 낭비인지 모르는 게 문제다'라는 말이죠. 예전에는 TV, 라디오, 신문, 잡지와 같은 곳에 광고를 했기 때문에 광고의 효과성을 측정하기 힘들었죠. 클로드 C. 홉킨스(Claude C. Hopkins)와 같은 특출난 사람은 100년 전에도 광고를 과학적으로 분석하기는 했지만 그도 실시간으로 고객 반응을 알 수는 없었죠.

오늘날에는 고객의 행동을 실시간으로 분석할 수 있습니다. 어떠한 광고에 반응하는지, 웹사이트에 들어와서 주로 어떤 페이지에 머무는지, 장바구니에 넣고 구매하지 않는 상품은 무엇인지 등등 많은 것을 알 수 있죠. 이를 통해 고객이 원하는 최적의 광고를 할 수 있게 된 것이죠.

고객의 입장에서는 말하지 않아도 내 마음을 알아주는 광고가 편리하기도 하지만 때로는 소름 끼치기도 하죠. 감시당하는 느낌이잖아요? '편리함'과 '불쾌함'이 공존하는 것이죠. 마케팅을 하는 입장에서도 이 점을 명심해야 할 것 같아요. 고객의 행동을 훔쳐보고 있다는 느낌을 주지 않도록 말이죠. 고객이 편리하다고 느끼지만 불쾌하지 않은 지점을 잘 파악해야 하는 것 같아요.

Q. 고령화, 저출산이 돼 가는 사회에서 어떤 키워드에 집중해서 마케팅을 공부해야 할까요?

예리한 질문이네요. 저도 그렇지만 많은 마케터가 자주 하는 실수가 1020 트렌드에 쉽게 매몰된다는 거예요. 물론 1020이 만든 트렌드가 주류 문화가 되는 경향이 있기에 관심을 가져야 합니다. 예전에는 1020이 나이가 들면서 그들의 트렌드가 자연스레 주류 문화가 되는 경향이 강했지만, 요새는 모든 연령이 젊게 살아야 한다는 강박 때문인지 1020 트렌드를 예의 주시하고 따라 하죠. 다시 말해 1020의 트렌드가 시차를 두고 주류 문화가 되는 것이 아니라 실시간으로 주류 문화가 되는 것이죠. 어린 사람처럼 입고 행동하는 게 미덕처럼 여겨지는 사회라서 더욱 그런 것 같아요.

하지만 중장년층, 더 나아가 노년층만의 문화와 트렌드는 언제나 존재하기 마련이죠. 고령화가 가속화됨에 따라 그동안 소외되었던 이들을 주목할 필요가 있다고 봐요. 그들의 관점에서 그들의 니즈를 파악하는 것이죠. 이를 최근에 가장 잘했던 브랜드가 '퀸잇'인 것 같아요. 대놓고 '40대 여성'을 타깃팅했죠. 지금도 대한민국 1위 40대 여성 패션 앱을 표방하고 있고요. 40대 여성이 공감할 만한 상황과 문제 그에 맞는 패션 솔루션을 중점적으로 다루고 있어요. 이를 통해 패션 업계에서 소외되었던 40대 이상의 여성에게 성공적으로 어필한 것 같아요. 40대 이상 여성에게 '제니'이자 '이효리'인

퀸잇X김희선
광고

김희선을 모델로 선정한 것도 주요 성공 요인이었던 것 같고요.

이와 관련해서 더 깊게 공부를 하고 싶다면 일본 시장을 보면 좋을 것 같아요. 고령화 사회를 그 어떤 나라보다 빨리 겪었고 이웃 나라이다 보니 문화적으로도 비슷한 면도 많거든요. 일본 시장을 분석하다 보면 우리나라에 접목할 만한 마케팅 아이디어도 떠오를 거예요.

아이들이 점점 적어지는 사회가 어떨지는 저도 아직 잘 모르겠습니다. 우리나라처럼 빠르게 출생률이 하락하는 나라는 제가 알기론 없었거든요. 참고할 만한 나라가 딱히 없는 것 같아요. 다만 어린이집, 초등학교에서 근무하는 분들의 말을 들어 보니 색다른 인사이트를 얻었어요. 아이들의 숫자가 줄어드니 시장 자체가 작아질 것 같은데 꼭 그렇지는 않다는 것을요. 판매 수량은 절대적으로 줄어드는데, 인당 판매 금액은 엄청나게 뛰고 있거든요. 아이에 대한 투자가 예전보다 훨씬 높아지고 있음을 현장에 있는 분들은 체감하고 있더라고요. 기사에 따르면 아동 명품 매출은 전년 대비 10% 이상씩 성장 중이라고 하더라고요.[XVI] 이 부분이 저출생 현상에서 키포인트인 것 같아요. 가성비로 승부하는 브랜드는 점점 힘들어지고 카테고리 1위만이 살아남는 시장이 되지 않을까 하는 생각을 합니다.

또한 아이들의 숫자가 줄어드는 만큼 반려동물의 숫자는 늘어나고 있고 앞으로는 더욱 늘어날 것 같아요. 반려동물의 입지는 예전 아이들의 입지와 동일해지는 것 같고요. 쉽게 말해 예전에는 인간 아이들을 위해 만들어진 용품이 그대로 반려동물을 위해 만들어질 것 같아요. 아이 용품으로 존재하는데 반려동물용품으로는 아직 존재하지 않거나 대중화되지 않은 품목 그리고 마케팅이 있다면 이를 파고들 필요가 있어 보입니다.

XVI 현대백화점의 2023년 1~4월 아동 명품 매출은 전년 대비 28.5% 증가했고, 신세계백화점도 2023년 1분기 수입 아동 브랜드 매출이 전년 대비 22.7% 늘었다. 롯데백화점 역시 명품 아동 브랜드 매출이 2023년 들어 15% 증가했다.

CHAPTER 5

마케터가
빠지기 쉬운 함정

무엇을 모를 때
곤경에 처하는 것이 아니다.
확실히 알고 있다고 생각한 것이 아닐 때
곤경에 처하게 된다.

– 마크 트웨인

마케팅과
순수예술의 차이

C 브랜드의 광고 기획을 위한 미팅 자리였다. 다양한 콘셉트에 대해 이야기를 나누고 있었다. 누군가는 단정하고 정직한 스타일을 제안했고, 또 다른 누군가는 톡톡 튀면서 과감한 스타일을 이야기했다. 다양한 아이디어를 자유롭게 나누는 아이디에이션 단계였기 때문에 모두가 본인의 생각을 가감 없이 이야기했다. 그때 내 귀를 의심하게 만드는 발언이 들렸다.

"그 아이디어는 별로예요. 난 그렇게 튀는 스타일은 싫거든요."

발언의 주인공은 우리가 타깃으로 하는 고객군과 거리가 먼 사람이었다. 심지어 고객의 입장에서 판단하는 것이 아니라 개인적인 취향을 근거로 말하고 있었다. 믿기지가 않았다. 우리는 지금 고객을 위한 아이디어를 만들기 위해 모였는데 본인의 호불호를 논하고 있다니! '고객'을 '난'이라고 잘못 말한 것이라 믿고 싶었다. 마케터라면 응당 '고객'의 입장에서 생각해야 하니 말이다.

본인의 호불호를 바탕으로 고객에게 다가갈 수도 있다. 순수예술이라면 말이다(혹은 스티브 잡스 같은 불세출의 천재라면). 남들이 뭐라 하건, 본인이 믿는 바를 표현하고 우직하게 밀고 나가 결국에는 모두를 설득시키는 순수예술이라면 무슨 상관이겠는가? 동시대 사람들이 받아들여 주지 않더라도 후세가 알아줄 테니 말이다. 마케팅은 다르다. 이 점을 분명히 해야 한다. 본인이 마케팅을 하는지 순수예술을 하는지를 잘 생각해야 한다.

마케터는 극단적으로 말하면 '나'를 지우고 '나'를 잊은 경지인 무아지경無我之境[I]에 다다라야 한다. 배우 최민식이 웹드라마 〈카지노〉에서는 차무식이 되고, 영화 〈명량〉에서는 이순신 장군이 될 수 있었던 것은 본인을 지우고, 스스로를 잊었기 때문이다. 마케터도 마찬가지다. 본인을 지우고 잊은 자리에 고객을 두어야 한다.

물론 어려운 일이다. 사람은 본인 위주로 생각하기 마련이다. 그것이 기본값이다. 고민하지 않고 숙고하지 않으면 반사적으로 그리고 무의식적으로 본인 위주로 생각한다. 고객의 입장에서 생각한다고 해도 완벽하게 고객이 될 수 있는 것도 아니다. 나를 남의 상황에 대입해서 생각할 뿐 남이 될 수는 없으니 말이다. 철학적으로 말하면 '자아'를 '타자'에 반영한 '타아'는 될 수 있지만 '타자' 그 자체는 될 수 없다. '나에게 100억 원이 있으면 어떨까?'라고 아무리 상

I 내가 없는 지경이라는 뜻으로 정신이 한 곳에 빠져 스스로를 잊어버리는 경지를 가리키는 말이다.

상하더라도 실제로 100억 원이 있는 사람의 삶을 알 수 없듯이 말이다. 그럼에도 불구하고 마케터는 늘 고객이 되려 노력해야 한다. 그것이 유일한 판단 기준이 되어야 한다.

마케터는 순수예술이 아닌 마케팅을 한다. 나의 만족이 아닌 고객의 만족이 최우선이다. 이 점을 잊지 말아야 한다.

진짜 나의 고객이
누구지?

삼성물산 패션부문에서 마케팅 기획을 할 때 단계별로 고객이 있었다. 먼저 팀장님이 있었다. 연 단위로 기획하는 AMP, 1년에 두 번 준비하는 SMP 모두 팀장님의 컨펌이 없으면 말짱 꽝이었다. 내가 기획한 마케팅이 세상의 빛을 보기 위해서는 먼저 팀장님을 만족시켜야 했다.

팀장님이 만족을 하면 이제 두 번째 고객인 유관 부서를 만날 차례다. 마케팅 캠페인에 따라 다르기는 하지만 상품기획팀, 디자인팀, 영업팀은 거의 필수적으로 설득을 해야 했다. 그들의 도움 없이는 마케팅이 불가능하니 말이다. 사업부의 모든 팀이 모인 자리에서 진행하는 전체 미팅 전에 각 팀의 리더에게 자세한 설명을 하여 사전에 동의를 얻곤 했다. 한 번으로는 안 된다. 여러 번 사전 협의를 거쳐야 한다. 결혼하는 연인이 사전에 이야기를 다 하고 나서 프러포즈라는 확인 작업을 갖듯, 전체 미팅도 프러포즈의 성격에 가까웠다.

글로벌 캠페인의 경우 해외 법인도 마케터의 고객이 된다. 중국 소비자도 염두에 두고 진행한 엠비오라는 브랜드의 마케팅을 준비할 때는 처음부터 끝까지 중국 상해 법인의 동의가 필요했다. 이때 여러 차례 상해로 출장을 가서 기획안을 설명하고 동의를 구했다. 대한민국 소비자와 중국 소비자의 성향이 크게 달라서 절충안을 찾는 데 고생을 했던 기억이 난다(결국에는 모든 마케팅 콘텐츠를 조금 더 중국향에 가깝게 만들었다).

중국 상해에서 진행한 엠비오 Style Party

이렇게 회사 내부의 고객들을 설득하고 나면 비로소 진짜 고객을 만나게 된다. 최종 소비자다. 이 과정에서 많은 마케터가 혼란을 느끼게 된다. 소비자가 원하는 바를 추구하다 보면 회사 내부의 고객을 설득하기가 힘들고, 회사 내부의 고객을 설득하다 보면 소비자가 원하는 바와 멀어지는 경우가 많기 때문이다. 딜레마에 빠지는 것이다. 지금은 많이 나아졌지만, 과거에 많은 기업에서 20대를 타깃팅하는 광고를 진행하면서 40대가 좋아하는 모델을 썼던 이유가 바로 여기에 있다. 회장님이 아는 '모델'이어야만 설득이 가능하다 보니 20대가 보기에는 한물간 모델을 기용할 수밖에 없는 것이었다. 최신 유행하는 밈Meme II이 SBS 〈런닝맨〉에 나오는 순간 끝물이라는 것도 이와 같은 맥락일 것이다.

대행사에서 일해도 마찬가지다. 오히려 더 심하다. 돈을 지급하

II 유전자처럼 개체의 기억에 저장되거나 다른 개체의 기억으로 복제될 수 있는 비유전적 문화 요소 또는 문화의 전달 단위로 영국의 생물학자 리처드 도킨스의 저서 《이기적 유전자 The Selfish Gene》에서 소개된 용어이다.

는 광고주(업계에서는 클라이언트 혹은 '주님'이라고 부른다)라는 고객을 반드시 고려해야만 하기 때문이다. 광고주 마음에 들지 않으면 시작조차 할 수 없음은 물론이고 재정난으로 바로 문을 닫을 수도 있다. 그렇다고 광고주 마음에만 들면 안 된다. 최종 소비자가 반응하지 않으면 광고주는 바로 계약을 종료할 것이기 때문이다. 여러모로 두 고객을 모두 고려해야만 한다.

이처럼 담당 회사 내부에서 마케팅을 하는 인하우스 마케터이든, 대행사에서 마케팅을 하는 에이전시 마케터이든 다양한 고객을 설득해야 함은 매한가지다. 문제는 모두를 위한 마케팅은 그 누구도 위하지 않는 마케팅이 될 수 있다는 점이다. 그럼 어떻게 해야 할까? 어렵더라도 바른길을 걸어야 한다. 최종 소비자인 진짜 고객을 최우선에 두고 생각해야 한다. 때로는 상사가 때로는 광고주가 싫어하더라도 최종 소비지가 원하는 방향임을 구체적인 근거와 사례를 들어 설명하고 설득해야 한다.

가능한 선에서는 최대한 상사와 광고주가 원하는 바를 반영할 필요도 있다. 사람은 자신의 손때가 묻은 것에 더 많은 애정을 느끼기 마련이다. 고객의 니즈를 해치지 않는 선이라면 적극 반영해 보자. 때로는 당신의 아이디어도 그들의 말에 영향을 받았음을 어필해 보는 것이다.

고객을 위해서 어디까지 굽히지 말아야 하고, 어디까지 타협할지에 대한 본인만의 기준선을 만들어야 한다. 외교관처럼 때로는 단호하게 때로는 유연하게 행동해야 한다. 다만 잊지 말자. 마케터에게 가장 중요한 고객은 최종 소비자임을 말이다.

자수성가한
마케터는 없다

대학교 졸업을 앞두고 뒤늦게 학점 관리에 들어갔다. 대부분의 기업에서 지원자의 최소 자격 요건으로 둔 평점 3.0이 되기에도 간당간당했기 때문이다. 시간이 날 때마다 했던 컴퓨터 게임 스타크래프트도 끊고 공부에만 몰두했다. 정말 죽어라 했던 것 같다. 다행히도 대부분의 수업에서 좋은 학점을 받았다. 평균 졸업학점을 3.5에 맞출 수 있을 것 같았다. 예상치 못한 문제를 만나기 전까지만 해도 말이다. 바로 조별 과제였다. 개인적인 노력보다 어떤 팀원을 만나느냐, 어떻게 협업하느냐가 훨씬 중요한 과제였다. 조별 과제를 하는 내내 왜 이런 불공평한 방식의 과제를 내는지 이해도 안 되고 화도 났다. 뒤늦게 안 사실은 사회에 나와서 하는 거의 모든 일은 조별 과제라는 것이었다.

아놀드 슈워제네거Arnold Schwarzenegger는 자수성가의 대명사로 잘 알려져 있다. 단돈 20달러만 들고 오스트리아에서 미국으로 이민을

와서 보디빌더를 거쳐, 영화배우로 최정상에 오르고 캘리포니아 주지사까지 했다. 그런 그가 휴스턴대학교 졸업식에서 '자수성가라는 개념은 미신에 불과하다[III]'라고 말했다. 그의 말처럼 거의 모든 일은 혼자서 해낼 수 없다. 누군가의 도움을 받거나 협업을 통해서만 가능하다.

예전에는 TV나 신문에 나오는 유명인을 보면서 '어떻게 저 많은 일을 혼자 다 해냈지? 분신술을 쓰나?'라는 생각을 하곤 했다. 마치 백종원은 백 명의 종원으로 이루어진 것처럼 보이듯 말이다. 실무를 하면서 알게 되었다. 그 사람이 프로젝트를 대표할 뿐 수많은 사람의 협업이었다는 사실을. 마케팅도 그렇다. 창의력이 폭발하는 천재의 단독 작품이 아니라 수많은 사람의 고민으로 쌓아 올린 공동 작품임을 알게 되었다.

어쩌면 당연할 수도 있는 말을 하는 이유가 있다. 몇 번의 성과를 내고 나면 자칫 혼자서도 잘할 수 있고 모든 것이 혼자만의 성과라고 착각할 수 있기 때문이다. 마케팅을 하면서 이러한 마케터를 꽤 많이 보았다. 그들의 끝은 대부분 좋지 않았다. 착한 일을 하면 복을 받고 나쁜 일을 하면 벌을 받는다는 도덕률을 이야기하려는 게 아니다. 자수성가라고 착각하는 마케터와 함께 일하고 싶어 하는 사람은 별로 없다는 매우 현실적인 이야기를 하고자 하는 것이다. 모든 것은 협업의 결과물이라는 것을 명심해야 한다. 이 글에서 내가 했다고 언급한 모든 프로젝트도 그러하다는 점을 덧붙인다.

III The whole concept of the self-made man or woman is a myth.

그렇다면 협업의 핵심은 무엇일까? 소통이다. 마케터에게 가장 중요한 능력은 창의력이 아니라 소통 능력일지도 모른다. 마케팅 캠페인의 규모가 커지면 커질수록 소통을 해야 하는 대상도 많아지고 소통의 중요성도 높아진다.

소통을 잘하는 법에 대한 책은 수도 없이 많다. 이에 대해서 다루자면 끝도 없을 것이다. 대신 내가 직접 경험하고 늘 소통의 기본으로 삼는 원칙만 간단하게 말해 볼까 한다. 한 문장으로 말하면 '웬만하면 얼굴 보고, 필요하다면 미러링Mirroring'이다.

첫 회사에서 소통의 달인을 만났다. 지금은 6년 연속 미쉐린 가이드에 선정된 F&B 브랜드를 운영하고 있는 선배. 그는 디자인팀, 영업팀, 상품기획팀 등과 같이 유관 부서와 협의가 잘되지 않을 때 늘 앞장섰다. 심각한 문제도 그가 해당 부서에 다녀오면 쉽게 해결이 되곤 했다. 무슨 비법이 있는지 궁금했다. 한 브랜드의 마케팅을 같이 담당하게 되면서 그의 비법을 엿볼 기회를 얻었다. 생각보다 별게 아니어서 허탈했다. 그저 얼굴 보고 웃으면서 이야기하는 게 다였다.

그는 심각한 상황에서는 절대로 이메일이나 전화로 소통하지 않았다. 무조건 얼굴을 보고 대화했다. 대부분의 사람들은 이와 다르게 껄끄러워질수록 대면에서 전화로, 전화에서 이메일로 이야기하려 한다. 이렇게 되면 상황은 점점 안 좋아지기 마련이다. 오해가 기하급수적으로 불어나기 때문이다. 메라비언의 법칙The Law of Mehrabian이 이를 잘 설명해 준다.

메라비언의 법칙은 7-38-55법칙이라고도 불린다. 누군가와 의사

소통을 할 때 말의 내용Verbal Communication은 단 7%, 목소리의 크기나 억양 등과 같은 음조Vocal Tonality는 38%, 표정 및 몸짓과 같은 보디랭귀지Body language는 무려 55%나 영향을 준다는 내용이다. 물론 제한된 상황에서 도출된 법칙이기에 일상생활에서 동일한 비율로 영향을 미치지는 않을 것이다. 다만 모두가 알고 있을 것이다. 문자보다 전화, 전화보다는 얼굴을 보고 이야기해야 오해가 적다는 것을 말이다. 큰 틀에서 메라비언의 법칙은 옳다고 생각한다.

문제가 있다고 늘 얼굴을 보며 소통할 수는 없다. 때에 따라서는 부득이하게 전화로, 혹은 이메일로 소통을 해야 할 때도 많다. 다시 말해 오해의 여지가 많은 소통을 해야 할 때가 있는 것이다. 이럴 때는 미러링을 활용하면 좋다. 미러링은 상대방의 언어적verbal 그리고 비언어적nonverbal 행동을 모방하는 것이다. 비즈니스 상황에서 미러링은 종종 라포rapportⅣ와 호의를 형성하는 데 활용되곤 한다. 연인들이 닮아가는 것도 미러링이 한몫한다.[1]

구체적으로 어떻게 미러링을 하면 좋을까? 간단한 방법으로 상대방 메시지의 형태를 미러링하는 것이 있다. 예를 들어 '안녕하세요'라는 단어 뒤에 느낌표(!)를 주로 붙이는 사람도 있고, 물결(~)을 붙이는 사람도 있다. 혹은 ㅎㅎ나 ㅋㅋ와 같은 웃음소리를 붙이는 사람도 있다. 이렇게 다양한 방식을 그대로 모방하여 보내는 것이다. 느낌표를 붙이는 사람에게는 느낌표를, 물결을 붙이는 사람에게는 물결을 붙이는 식으로 말이다. 물론 상하관계가 철저한 수직구조의

Ⅳ 친밀감 또는 신뢰.

회사에서는 주의할 필요가 있다. 다만 닮은 사람에게 호감이 가듯 대체적으로 미러링은 대면 소통이 힘들 때 오해를 줄이고 호감도를 높이는 좋은 방법이 될 것이다.

지금까지 말한 내용을 한번 정리해 보자. 마케터는 자수성가할 수 없다. 크든 작든 누군가의 도움을 받고 누군가와 함께 결과물을 만들어 낸다. 이러한 협업을 잘하기 위해서는 소통 능력이 필요하다. 소통 능력을 키우는 데 기본이 되는 방법은 '웬만하면 얼굴을 보고, 필요하면 미러링'이다.

섣불리
판단하지 말자

UFO라는 세 글자는 우리의 상상력을 세차게 자극한다. 팔다리가 얇고 머리가 큰 외계인이 떠오르기도 하고 빛의 속도로 날아다니는 비행선의 모습이 생생하게 그려지기도 한다. 지인 중에 실제로 UFO를 봤다는 사람도 있고, 이와 관련한 수많은 사진과 영상도 인터넷상에서 쉽게 접할 수 있다. 이처럼 모두의 상상력을 자극하던 일종의 상식이자 현실이었던 UFO라는 말은 공식적으로는 폐기되었다. UFO라는 말 자체에 문제가 있기 때문이다. 공식적으로는 2020년부터 UAP라는 단어가 UFO를 대체했다.

UFO는 '미확인 비행물체Unidentified Flying Object'를 의미한다. 이상한 점을 발견했는가? 맞다. 확인되지 않았음에도 '비행물체'라고 확정하고 있는 모순적인 말이다. 구수하게 표현하자면 '무엇인지는 모르겠는데, 비행물체인 것 같아'라고 말하는 것이 UFO다. 이와 다르게 UAP는 '미확인 대기(공중) 현상Unidentified Aerial Phenomena'이라고 말하며 판단을 보류한다. 확인되지 않았으니, 구체적으로 무엇이라고 말하지 않겠다는 것이다. 최근에는 '미확인 이상 현상Unidentified Anomalous Phenomena'이라는 용어를 쓰며 판단을 조금 더 보류하고 있다.[2]

마케팅 책에서 뜬금없이 UFO를 이야기하는 이유가 있다. 마케터도 마케팅을 UFO가 아닌 UAP의 관점에서 생각해야 하기 때문이다. 고객이 답을 하기 전까지, 고객이 반응을 하기 전까지는 판단을 보류해야 한다. 모르는 것을 모르는 채로 받아들이고 생각할 줄 알아야 한다. 에드문트 후설Edmund Husserl의 말을 빌리면 이는 일종의 '에포케Epoche[V]'라 할 수 있다. 알 수 없는 것을 알 수 없다고 포기하는 것도 아니고, 알 수 없는 것을 섣불리 짐작하는 것도 아닌 판단 중지를 의미한다. 마케터는 누구보다 이를 명심할 필요가 있다.

최근에 만난 대표님은 철저하게 판단을 보류하는 사람이었다. 우리나라에서 꽤 유행했던 해외 브랜드를 최초로 유통했던 분이었다. 그분이 뜬다고 하면 대체로 잘되는 편이었다. 뜰 제품을 어떻게 미리 알아보는지 궁금했다. 이에 대해 단도직입적으로 묻자, 의외의 답변을 듣게 되었다. 본인이 판단하지 않는 것이 비결이라는 것이었다. 사람은 누구나 무엇을 보면 좋다, 안 좋다, 더 나아가서는 잘될 것 같다, 망할 것 같다는 생각을 바로 하기 마련이다. 그분은 이를 최대한 자제한다고 했다. 대신에 실제로 타깃 고객의 의견을 묻고 70% 이상이 지지하는 쪽에 자신의 판단을 맡긴다고 했다. 고객

V 고대 그리스의 회의론자들이 쓰던 용어. 원래는 '멈춤' 또는 '무엇인가를 하지 않고 그대로 둠'을 의미하는 말이었으나, 피론을 중심으로 한 고대 회의론자들이 '판단 중지'라는 뜻으로 쓰게 되었다.

의 목소리를 듣기 전까지는 모든 상품을 UAP로 두고 보는 것이었다. 훌륭한 마케터라는 생각을 했다.

경력이 오래될수록 쉽게 판단 내리는 경향이 있다. 나름의 경험이 쌓였기 때문에 반사적으로 판단하게 되는 것이다. 누군가 광고 영상에 대해 의견을 물으면 뜰지 안 뜰지를 쉽게 답하고, 상품을 보면 잘 될지 안 될지를 쉽게 판단하는 것이다. 반복해서 말하지만 이는 굉장히 위험한 태도다. 고객이 구매로 답하기 전까지 모든 것은 그저 미확인 이상 현상일 뿐이다. 본인의 직감이 뛰어나다고, 그동안 수없이 성공했다고 자신만만하면 큰일 난다. 단 한 번 대차게 틀리면 모든 것이 물거품이 되니까. 겸손해야 한다. 판단을 보류해야 한다. 정답은 고객만이 알고 있다.

나는 빠르게 판단하고 빠르게 행동하는 편이다. 그런데도 마케팅에 있어서는 쉽게 판단하지 않으려 노력하고 있다. 시간이 촉박할 때도 인스타그램에서 설문조사를 하거나 구글폼을 통해 다양한 사람의 의견을 구하고 확인한다.

지금 여러분이 읽고 있는 이 책도 마찬가지다. 책의 제목부터 표지에 있는 그림까지 타깃에 해당되는 사람들에게 물어보고 의견을 구했다. 초고를 완성하고 나서는 '터 · 터 · 터'에 해당하는 사람들에게 피드백을 받았다. 내가 생각하는 '좋고, 나쁨'은 지우고 독자가 생각하는 '좋고, 나쁨'에 철저하게 맞추려 노력했다. 나를 지운 자리에 독자를 모셨다. 마케팅 책이기에 철저하게 마케터답게 접근했다. 판단을 정지하고 보류했다. 고객의 답을 듣기 전까지는 말이다.

다시 한번 강조해 본다. 마케터는 UFO가 아닌 UAP의 관점으로 마케팅을 바라보아야 한다. 답은 고객만이 알고 있기 때문이다.

마케터의 어제, 오늘
그리고 내일

불과 10년 전만 하더라도 우리나라에서 '퍼포먼스 마케팅'은 흔하게 접할 수 있는 용어가 아니었다. 뜻을 정확하게 아는 마케터도 많지 않았다. 이제는 다르다. 퍼포먼스 마케팅을 모르는 마케터는 없다. 이렇게 보면 마케팅은 상당히 빠르게 변하는 것 같지만 꼭 그렇지만도 않다. 말만 다를 뿐이지 100년 전에도 퍼포먼스 마케팅은 존재했다. 그것이 어떻게 가능하냐고? 필요하다면 인간은 방법을 만들어 낸다. 현대 광고의 아버지라 불리는 클로드 C. 홉킨스가 그 주인공이다.

홉킨스는 1866년생이다. 우리나라로 따지면 조선 말기 흥선대원군이 좌지우지하던 시절에 태어난 것이다. 그 옛날 사람이 퍼포먼스 마케팅을 한 것이다. 홉킨스의 용어를 빌리자면 과학적 광고[Scientific Advertising]를 했다. 방법은 생각보다 단순하다. 고객에게 보내는 우편물에 헤드라인, 글자 배열, 글자 크기, 이미지, 핵심 주장 등을 다르게

나가며-1 100년 전에 A/B 테스트를 했던 클로드 C. 홉킨스의 펩소던트 치약 광고

반영한 광고물을 담는다. 광고물에 따라 서로 다른 이름의 할인 쿠폰 keyed coupon을 넣어서 보낸다. 이를테면 남성 모델 사진을 활용한 광고 물에는 'MAN20%', 여성 모델 사진 광고물은 'WOMAN20%'와 같은 할인 쿠폰을 넣는 식이다. 어떤 할인 쿠폰이 가장 많이 쓰였는지를 나중에 확인하여 광고의 효과를 측정할 수 있다.

할인 쿠폰을 회수하기 힘들거나 확인이 어려울 경우에는 도시마 다 다른 광고를 해 보면서 효과를 측정했다. 요즘 퍼포먼스 마케팅 을 하는 방식과 근본적으로 다를 바가 없다. 서로 다른 광고 소재를 활용하여 어떠한 광고가 더 효과적인지를 체크하는 A/B 테스트와 이름만 다르고 내용은 똑같다.[1]

100년 넘게 시간이 흘렀지만, 마케팅의 본질은 변하지 않은 것이 다. 이 점을 강조하고 싶다. 앞으로 변할 것이 아닌 변하지 않을 것을

나가며-2 'Learn more'의 박스 색상과 기호만 달리했는데 클릭률이 달라진 A/B 테스트 사례

찾아내는 통찰력. 훌륭한 마케터에게는 이러한 통찰력이 필요하다.

변하는 것에 대한 관심이 필요 없다는 말은 아니다. 변화의 시작점에서 그것을 포착하고 활용하는 능력, 트렌드를 포착하는 능력은 마케터에게 매우 중요하다(4장 '트렌드가 습관인 마케터' 참조). 다만 세상은 너무나도 빠르게 변하기 때문에 대부분의 트렌드는 1년도 안 되어 사라지는 유행fad에 그칠 확률이 높다. 붙잡으려 하는 순간 사라지는 신기루가 되어 버리는 것이다. 또한 그 누구도 미래를 예측할 수 없다는 문제가 있다. 특히나 모든 것이 불안정하고, 불확실하며, 복잡하고, 모호한 뷰카VUCA[VI]의 시대에서는 더욱 미래를 예측하기 힘들다.

모두가 빠르게 사라질 변화를 찾으려고 할 때, 변하지 않을 무언

VI 변동성(Volatility), 불확실성(Uncertainty), 복잡성(Complexity), 모호성(Ambiguity)의 약자이다. 이 개념은 냉전 후 변한 세상을 설명하기 위해 나온 용어였지만, 현재는 전략적 리더십, 사회학 분석 및 교육에서 사회 문화적, 심리적, 정치적 환경을 설명하는 데 사용된다.

가를 찾는 것은 그래서 더욱 중요하다. 지금 한번 뷰자데의 눈으로 식탁을 바라보자. 그곳에는 수천 년의 시간을 버텨 낸 젓가락이 있을 것이다. 10년만 지속되어도 메가 트렌드라고 부르는데 젓가락은 과연 무엇이라 부를 수 있을까? 우리에게 너무나도 익숙하고 평범한 젓가락은 사실 울트라 메가 트렌드인 것이다. 마케터는 이처럼 메가 트렌드조차 가볍게 초월하는 젓가락을 찾아야 한다. 이를 위해서 인간에 대한 깊은 관심이 필요하다. 수많은 변화 속에도 변치 않을 인간의 본성과 행동 양식을 주시해야 한다. 기술이 발전할수록 인문학의 중요성이 더욱 강조되는 이유는 이 때문일 것이다(4장 '마케터에게 추천하는 마케팅과 관련 없는 책' 참조).

린디 효과Lindy Effect라는 것이 있다. 기술과 생각처럼 수명이 있지 않은 것은 지금까지 얼마나 오랫동안 살아남았는지를 보면 앞으로 얼마나 오래 살아남을지를 예측할 수 있다는 이론이다. 위에서 말한 젓가락의 경우 5천 년 가까이 살아남았으니, 앞으로도 그에 비례하여 오래 살아남을 확률이 높다. 이를 참고하면 좋을 것 같다.

마케터의 어제, 오늘 그리고 내일에 공통적으로 살아남을 것은 무엇일까? 마케팅은 왜 존재하는가? 답은 두 글자다. 고객이다. 이를 명심한다면 그 어떤 변화에도 흔들리지 않는 마케터가 될 수 있지 않을까 생각한다. 나만의 젓가락을 찾아보자. 뷰자데의 눈으로 바라보자.

마지막 낙엽과 첫눈 사이에
김용석

One more thing:
추천 도서 10선

마케팅 추천 도서

1. 필립 코틀러, 개리 암스트롱, 《Kotler의 마케팅 원리》, 시그마프레스, 2021.

현대 마케팅의 아버지라 불리는 필립 코틀러의 책이다. 마케터를 꿈꾸는 사람이라면 이 벽돌 책을 한 번쯤은 완독하는 것이 좋다. 마케팅의 모든 것을 담고 있는 책이기 때문이다. 완독이 힘들다면 사전처럼 옆에 두고 생각날 때마다 혹은 필요할 때마다 찾아볼 것을 추천한다.

2. 잭 트라우트, 앨 리스, 《포지셔닝》, 을유문화사, 2021.

4P 중심의 마케팅을 STP라는 패러다임으로 확장시킨 기념비적인 책이다. 수천억 원 가치의 회사를 만든 사업가가 꼽은 최고의 책이기도 하다.

탄탄한 이론서이면서 효과적인 실용서이다.

3. 세스 고딘, 《마케팅이다》, 쌤앤파커스, 2019.

마케터 중에 세스 고딘의 책을 읽지 않은 사람은 아마 없을 것이다. 세스 고딘은 대중에게도 가장 잘 알려진 마케터일 것이다. 영화로 따지면 작품성과 대중성을 두루 겸비한 마케터이자 작가이다. 그의 책을 단 한 권만 읽어야 한다면 단연코 《마케팅이다》를 꼽을 수 있다. 자신감 넘치는 제목처럼(원서 제목은 《This Is Marketing》으로 더욱 대담하다) 그의 모든 것을 담고 있다.

4. 앨런 딥, 《바로 써먹고 바로 돈이 되는 1페이지 마케팅 플랜》, 알파미디어, 2022.

회사의 대표와 광고주가 원하는 마케팅은 명확하다. '고객 수', '구매 빈도', '객단가' 이 세 가지를 높여 줄 수 있는 마케팅이다. 이를 위한 책이 바로 《바로 써먹고 바로 돈이 되는 1페이지 마케팅 플랜》이다. 쉽고 명쾌하고 군더더기가 없다. 호불호가 없을 매우 실용적인 마케팅 책이다.

5. 그레그 크리드, 켄 먼치, 《다시 팔리는 것들의 비밀》, 알에이치코리아, 2022.

증명한 사람의 말에는 무게가 있다. 타코벨, KFC와 같이 세계적인 외식 브랜드를 보유한 기업 'Yam! Brands(얌브랜드 주식회사)'의 성공적인 마케팅을 통

해 본인들의 능력을 증명한 마케터의 책이다. 기존의 마케팅 책이 '정'이라면 그것에 '반'하는 책이다. 독자는 이 책을 통해 본인만의 마케팅 '합'을 만들 수 있을 것이다.

6. 러셀 브런슨, 《마케팅 설계자》, 윌북, 2022.

우리나라에 번역서가 나오기 전부터 강력히 추천했던 책이다. 스타트업과 중소기업 컨설팅을 하거나 조언을 할 때 가장 많이 참고한 책 중 하나다. 이 책에 나온 가치 사다리Value Ladder만 잘 이해하더라도 마케팅을 넘어 저자가 주장한 자동 수익을 달성하는 데 큰 도움이 될 것이다.

7. 조성경, 《쥬비스 미라클》, 쌤앤파커스, 2022.

대부분의 마케팅 책은 기업에 초점이 맞춰져 있고 해외 사례가 많다. 대한민국에서 자영업을 하는 사람을 위한 괜찮은 마케팅 책은 찾기 힘들었다. 《쥬비스 미라클》이 나오기 전까지는 그랬다. 1인 창업에서 강소기업이 되기까지 단계별로 적절한 마케팅 기법이 실제 사례와 함께 자세히 나와 있다. 자영업자라면 반드시 읽어 봐야 할 마케팅 책이고, 기업에서 일하는 마케터에게도 색다른 인사이트를 제공해 줄 것이다. 가장 저평가된 마케팅 책 중 하나라고 생각한다.

브랜딩 추천 도서

8. 데이비드 아커, 《데이비드 아커의 브랜드 경영》, 비즈니스북스, 2007.

마케팅의 아버지가 필립 코틀러라면 브랜딩의 아버지는 데이비드 아커라고 할 수 있다. 브랜딩을 말하는 사람 중에서 데이비드 아커에게 영향을 받지 않은 사람은 거의 없을 정도다. 마케팅에 날개를 달아 줄 브랜딩에 관심이 있다면 반드시 읽어야 할 책이다.

9. 마티 뉴마이어, 《브랜드 갭》, 알키, 2016.

데이비드 아커의 책이 유튜브 영상 같은 롱폼Long-form 콘텐츠라면, 마티 뉴마이어의 책은 틱톡 같은 숏폼Short-form 콘텐츠라고 할 수 있다. 직관적이고 간단명료한 브랜딩 책을 원한다면 단연코 마티 뉴마이어의 책을 추천한다.

10. 홍성태, 《브랜드로 남는다는 것》, 북스톤, 2022.

데이비드 아커와 마티 뉴마이어의 책이 훌륭하기는 하지만, 번역에 대한 아쉬움이 늘 있었다. 그들의 좋은 책 중 상당수는 번역이 되지 않았고, 번역서가 원서의 깊이 있는 내용을 100% 전달하고 있지 못하다는 생각을 했기 때문이다. 우리나라 작가가 쓴 훌륭한 브랜딩 책에 대한 갈증이 늘 있을 수밖에 없었다. 《브랜드로 남는다는 것》은 이러한 갈증을 해소해 준 책

이다. 스승과 제자의 대화 형식이라 마티 뉴마이어 책처럼 직관적이고 간단명료함과 동시에, 브랜딩의 A부터 Z까지 다루고 있기 때문에 데이비드 아커의 책만큼이나 깊이가 있었다. 홍성태 교수가 그간 주장해 온 브랜드의 '나음', '다름', '다움', '키움'이 종합된 완결판 같은 책이다. 최근 들어 가장 많이 추천하고 있는 책이다.

감사의 말씀

이 책을 함께 만들어 주신 처음북스 담당자분들과 터·터·터 여러분.
10여 년간의 마케팅 여정에서 많은 영감을 주셨던 선후배분들.
늘 묵묵하게 제 옆에서 힘이 되어 주는 사랑하는 가족.
마지막으로 수많은 책 중 이 책을 선택한 독자 여러분 감사합니다.

초고에 피드백을 준 터·터·터 그리고 마케터:
김나해, 김태우, 노희경, 류지영, 박세라, 소유진, 이선율, 최은진

터·터·터가 묻고 마케터가 답하다의 인터뷰 함께해 준 분들:
고보나, 김지나, 김지후, 김하론, 노여원, 박태하, 박하늘, 윤소예,
이준명, 이채영, 전슬빈, 정채은, 차하경, 황린주
(실제 진행한 인터뷰를 기반으로 책에 맞게 각색하였습니다)

참고 문헌 및 출처

CHAPTER 1 마케팅의 의미, 마케터의 의미

1   와시다 기요카즈, 《철학을 사용하는 법》, 에이케이커뮤니케이션즈, 2017.

2   [한성주보] 제4호, 1886.2.22. / 김병희, 《광고로 보는 근대문화사》, 살림, 2014.

3   Philip T. Kotler, Gary Armstrong, 《Principles of Marketing》, Pearson Education, 2020.

4   Seth Godin, 《This Is Marketing》, Portfolio, 2018.

5   박종윤, 《내 운명은 고객이 결정한다》, 쏭북스, 2019.

6   강호동, 《이렇게만 하면 장사는 저절로 됩니다》, 위즈덤하우스, 2022.

7   이어령, 《거시기 머시기》, 김영사, 2022.

CHAPTER 2 체험 마케팅의 현장

1   Philip Kotler, Gary Armstrong, 《Principles of Marketing 18th edition》, Pearson Education, 2020.

2   박주훈, 《나의 첫 마케팅 수업》, 북바이북, 2021.

3   Michael Masterson, 《Ready, Fire, Aim》, Wiley _2007. _책 제목에서 차용.

4   천지윤 외 5인, 《신상품》, 북스톤, 2023.

5   Jon Simpson, 〈Finding Brand Success in the Digital World〉, Forbes, 20170825.

6 홍성태, 《브랜드로 남는다는 것》, 북스톤, 2022.

7 야마구치 슈, 《어떻게 나의 일을 찾을 것인가》, 김영사, 2021.

CHAPTER 3 오늘 바로 써먹을 수 있는 마케팅 꿀팁

1 댄 히스, 칩 히스, 《스틱!》, 엘도라도, 2009. / https://screencraft.org/blog/good-day-high-concept

2 호리 마사타케, 《일이 편해지는 TO DO LIST 250》, 꼼지락, 2020.

3 https://www.qmul.ac.uk/media/news/2018/se/brainwaves-suppress-obvious-ideas-to-help-us-think-more-creatively.html)

4 한명수, 《말랑말랑 생각법》, 김영사, 2023.

5 오바라 가즈히로, 《프로세스 이코노미》, 인플루엔셜, 2022.

6 고영배, 《행복이 어떤 건지 가끔 생각해》, 북폴리오, 2023.

7 Greg Creed, Ken Muench, 《R.E.D. Marketing》, HarperCollins Leadership, 2021.

8 Howard Schultz 외 3인, 《Pour Your Heart Into It》, Hachette Books, 1999.

9 유승재, 《히트의 탄생》, 위즈덤하우스, 2021.

10 마스다 무네아키, 《지적자본론》, 민음사, 2015.

11 우치다 다쓰루, 《지적 성숙 학교》, 에스파스, 2017

CHAPTER 4 마케터의 레벨 업

1 캡선생, 로히, 《비행독서》, 소피스트, 2022.

2 앨리스 존스, 《책으로 비즈니스》, 유유, 2023.

3 오자키 테츠야, 《현대미술이란 무엇인가》, 북커스, 2022.

4 이용찬, 《노자 마케팅》, 마일스톤, 2017.

5 사사키 아타루, 《이 나날의 돌림노래》, 여문책, 2018..

6 https://en.wikipedia.org/wiki/Humanities

7 Will Durant, 《The Story of Philosophy》, Simon & Schuster, 1967.

8 최진석, 《탁월한 사유의 시선》, 21세기북스, 2018.

9 Ted Chiang, 《Exhalation: Stories》, Knopf Publishing Group, 2019.

10 Eric Kandel, 《Reductionism in Art and Brain Science: Bridging the Two Cultures》, Columbia University Press, 2018.

11 http://www.strangehistory.net/2013/08/17/the-longest-sentry-duty/

12 유홍준, 《국보순례》, 눌와, 2011.

CHAPTER 5 마케터가 빠지기 쉬운 함정

1 https://www.thebalancemoney.com/how-to-use-psychology-to-help-you-get-hired-2061312

2 https://science.nasa.gov/uap/

나가며 마케터의 어제, 오늘, 그리고 내일

1 클로드 홉킨스, 《못 파는 광고는 쓰레기다》, 인포머셜마케팅연구소, 2014.

각주 참고 문헌 및 출처 ───────────────

CHAPTER 1 마케팅의 의미, 마케터의 의미

I https://www.quickanddirtytips.com/articles/think-different-or-think-differently/#:~:text=We've%20determined%20that%20%E2%80%9Cto,Think%20different%E2%80%9D%20is%20perfectly%20acceptable.

CHAPTER 2 체험 마케팅의 현장

XXIX 권오형, 《UX 라이팅 시작하기》, 유엑스리뷰, 2021.

CHAPTER 4 마케터의 레벨 업

II 최일영, 歐陽脩의 '三多' 本義 推定 - '商量多'를 중심으로-. 어문연구(語文硏究), (2017).

X https://www.ascentkorea.com/seo-complete-guide-2022

XVI 김난도 외 10인, 《트렌드 코리아 2024》, 미래의창, 2023.

나가며 마케터의 어제, 오늘, 그리고 내일

VII 마리안 로하스 에스타페, 《마음 홈트》, 레드스톤, 2021.

그림 및 출처

CHAPTER 1 마케팅의 의미, 마케터의 의미

그림 1-1 http://www.edu-active.com/articles/2013/apr/08/difference-between-marketing-pr-advertising-and-br.html 을 바탕으로 자체 제작

그림 1-2 https://m.sedaily.com/NewsView/1KZ1HB0GFF

그림 1-3 https://www.gentlemonster.com/project/quantum/16.php

그림 1-4 https://www.google.com/amp/s/postshare.co.kr/archives/461603/amp

CHAPTER 2 체험 마케팅의 현장

그림 2-1 https://www.moef.go.kr/pl/policydta/pblictn/ComtBalbbsList.do?bbsId=MOSFBBS_000000000044

그림 2-2 https://consensus.hankyung.com/

그림 2-3 자체 제작

그림 2-4 자체 제작

그림 2-5 자체 제작

그림 2-6 자체 제작

그림 2-7 네이버 검색 캡처본

그림 2-8 네이버 검색 캡처본

그림 2-9 https://www.caracal.global/insights/2019/5/6/1000-songs-in-your-pocket

그림 2-10 에잇세컨즈 공식 인스타그램

그림 2-11 https://www.kobaco.co.kr/site/main/archive/advertising/4/14344?cp=1&pageSize=100&sortDirection=DESC&arcUse=true&arcCategory=4&metaCode1=general&arcSelected1=false&adtManufactureYear=2022&adtDefaultYear=true

그림 2-12 https://en.wikipedia.org/wiki/Livestock_branding

그림 2-13 자체 제작

그림 2-14 https://grin.co/blog/identifying-your-ideal-influencer/

그림 2-15 오프라 윈프리의 트위터 계정 이미지

그림 2-16 인스타그램 @kap_writing

그림 2-17 인스타그램 @kap_writing

그림 2-18 https://datalab.naver.com/keyword/trendSearch.naver

그림 2-19 https://trends.google.co.kr/trends/